Danzig

Dieter Schulze

Inhalt

Das Beste zu Beginn
S. 4

Das ist Danzig
S. 6

Danzig in Zahlen
S. 8

Was ist wo?
S. 10

Augenblicke
Danziger Wasserspiele
S. 13
Aus der Vogelperspektive
S. 14
Im Café Ferber
S. 17

Ihr Danzig-Kompass
15 Wege zum direkten Eintauchen in die Stadt
S. 18

1 Das Herz der Rechtstadt – **Langgasse und Langer Markt**
S. 20

2 Schaltzentrale einer Ostseemacht – **das Rechtstädtische Rathaus**
S. 25

3 Im Reich des Bernsteins – **das Museum im Stockturm**
S. 28

4 Europas größte Backsteinkathedrale – **die ›dicke Marie‹**
S. 31

5 Architektonische Funde – **von der Mottlau zur Jopengasse**
S. 34

6 Seefahrt über alles – **das Nationale Maritime Museum**
S. 39

7 Danziger Spirits – **Goldwasser & Co.**
S. 43

8 Perlen im Schatten der Rechtstadt – **die Danziger Altstadt**
S. 46

9 Danzig im Weltkrieg – **von der Polnischen Post zur Westerplatte**
S. 51

10 Lehrstunde Geschichte – **Europäisches Zentrum der Solidarität**
S. 56

11 Schätze in der Alten Vorstadt – **das Nationalmuseum**
S. 59

12 Ins Grüne – **nach Oliwa**
S. 63

13 Wellness an der Küste – **in Sopot**
S. 66

14 Von Sopot gen Norden – **am Fuß der Adlerklippen**
S. 71

15 Maritime Traditionen – **in Gdynia**
S. 74

Danziger Museumslandschaft
S. 78

Wrzeszcz – das Danzig von Günter Grass
S. 81

Die Kreuzritter in Danzig ›und umzu‹
S. 82

Pause. Einfach mal abschalten
S. 84

In fremden Betten
S. 86

Satt & glücklich
S. 90

Stöbern & entdecken
S. 98

Wenn die Nacht beginnt
S. 104

Hin & weg
S. 110

O-Ton Danzig
S. 114

Register
S. 115

Abbildungsnachweis, Impressum
S. 119

Kennen Sie die?
S. 120

Das Beste zu Beginn

Danzig mit der Wasserstraßenbahn
Was gibt's Schöneres, als eine Hafenstadt vom Wasser aus zu erleben? Im Sommerhalbjahr fährt die *tramwaj wodny* längs der Mottlau zur Festung Weichselmünde, zur Westerplatte und zum Leuchtturm Nowy Port, weiter zum Badeort Sopot, nach Gdynia und sogar über die Danziger Bucht zur Halbinsel Hel.

... oder im Kanu
Wer lieber aktiv ist, kann Danzig im Kanu bzw. Kajak erkunden, stunden- oder tageweise, mit und ohne Führer. Eine Verleihstelle finden Sie an der Anlegestelle der Alten Vorstadt, wenige Gehminuten südlich des historischen Zentrums.

Kultur in der Kirche
Riesengroß und nur wenige Schritte abseits der Hauptmeile, ist die Johanniskirche dennoch wenig bekannt: Ihre mittelalterlichen Backsteinschiffe dienen als Galerie für Gegenwartskunst, aufgrund der tollen Akustik finden hier auch oft Konzerte statt.

Auf den Spuren der Graffiti-Künstler
Jedes Jahr lädt die Stadt Künstler ein, monumentale Fassaden im Viertel Zaspa aufzupeppen. So entsteht abseits der Touristenpfade manch ein überraschendes Wandbild – ein guter Anlass, das weniger bekannte Danzig zu erkunden! Sind Sie auf eigene Faust unterwegs, orientieren Sie sich anhand des Plans auf der Website http://muralegdanskzaspa.pl/en. Dort finden Sie auch Angebote zu kostenlosen Street Art Tours.

Shakespeare reloaded
Seit Shakespeares Lebzeiten werden seine Stücke in Danzig aufgeführt, neuerdings sogar in einem eigens dafür erbauten Theater. Das Dach lässt sich geräuschlos öffnen, binnen weniger Minuten haben Sie den freien Himmel über sich! Kommen Sie zum sommerlichen Shakespeare-Festival und erleben Sie dort die weltbesten Ensembles.

Fischbrötchen am Strand
An Sopots Strand landen Fischer frische Ware an, die flugs in die benachbarten Räuchereien wandert. Kaufen Sie sich an der ›Anlegestelle‹, dem Lokal Przystań Rybacki, ein belegtes Brötchen und verputzen Sie es zwischen den Fischerbooten am Strand! Sie können freilich auch ein opulentes Fischmahl bestellen.

!

Kaffee & Kino in der Kawiarnia Filmowa
›Im alten (Guck-)Kasten‹ heißt das kleine Café, das wie ein gemütliches Wohnzimmer anmutet. Hier erholt man sich vom Sightseeing bei einer Tasse Kaffee und kann im Hinterzimmer Autorenfilme im O-Ton ansehen.

Sonnenuntergang am Jachthafen
Schippern Sie einmal mit der Mini-Fähre des Nationalen Maritimen Museums hinüber zur Bleihofinsel, spazieren Sie dort zur Brovarnia und lassen sich das hauseigene Bier schmecken! Am schönsten sitzen Sie auf der Sommerterrasse und genießen den Blick auf die Boote und die Kulisse der Rechtstadt.

Morgens, wenn die Altstadt im Dämmerschlaf liegt, finde ich Danzig am schönsten: mache mich auf zum Flussufer, begrüße die Möwen und warte aufs Schiff, das mich nach Sopot bringt. Beim Strandlauf zu den Adlerklippen kann ich mir überlegen, wie der Tag enden soll: bei der „grünen Fee" im Absinthe oder bei einem schrägen Konzert?

Fragen? Erfahrungen? Ideen?

Ich freue mich auf Post.

@ *Mein Postfach bei DuMont:*
schulze@dumontreise.de

Das ist Danzig

Der Tag geht zur Neige, bald haben Sie Danzig ganz für sich allein. Am Mottlau-Ufer liegen die Ausflugsschiffe vor Anker – die Segel sind nach getaner Arbeit eingeholt, das Wasser erscheint durch tausendfache Lichtreflexe als glitzerndes Mosaik. Von einem der vielen Terrassenlokale, vielleicht bei einem Gläschen Goldwasser, können Sie diesen Anblick genießen. Maritimer Charakter und viel Kultur – in der Danziger Rechtstadt ist beides vereint. Sie erleben auf Schritt und Tritt, dass dies eine reiche Hansestadt und ihr Hafen einer der wichtigsten Europas war. Neun parallel verlaufende Straßen, die allesamt durch prächtige Tore zum Mottlau-Ufer führen, sind durch Quergassen miteinander verknüpft und bilden ein schachbrettartiges Muster. Wählen Sie gleich eines der ersten Tore und lassen Sie sich über die kopfsteingepflasterten Gassen treiben! Im Schatten einer gewaltigen Backsteinkirche ducken sich festlich geschmückte Patrizierhäuser, eine Armada spitzer Giebel und zierlicher Türmchen. In zahlreichen kleinen Läden können Sie Schmuck aus geschliffenem Bernstein erwerben. Besonders auf dem Langen Markt, und hier vor allem abends, fühlen Sie sich in eine ferne Vergangenheit versetzt: Die feingliedrigen Fassaden tanzen im Licht der Laternen, die Schritte der Passanten verbinden sich mit dem Plätschern des Brunnens zu geheimnisvoller Musik!

Phönix aus der Asche

Danzig war einmal das ›deutsche Juwel in der polnischen Krone‹, eine Handelsrepublik und freie Stadt. Dann wurde es ›heimgeholt ins Deutsche Reich‹ und am Ende des Zweiten Weltkriegs in Schutt und Asche gelegt. Nach 1945 war nichts mehr wie zuvor: Fast alle Deutschen mussten die Stadt verlassen, dafür wurden Polen angesiedelt – einen derartig radikalen Bevölkerungsaustausch hatte es nie zuvor in der Geschichte gegeben. Doch so fremd die neuen Bewohner auch waren, machten sie sich die Stadt doch auf ungewöhnliche Art zu eigen: Sie bauten das Zentrum Danzigs nach alten Stichen, Fotos und Gemälden kunstvoll und möglichst originalgetreu wieder auf – ein Meisterwerk der polnischen Restauratoren. Als die Arbeit vollendet war, wirkte die Stadt so malerisch, dass man glauben mochte, sie sei die Kulisse für einen Historienfilm. Tatsächlich ließen die Filmemacher nicht lange auf sich warten. Auch der Buddenbrooks-Roman von Thomas Mann wurde in den Gassen Danzigs verfilmt – das Ambiente einer alten Hansestadt konnte hier besser als am Originalschauplatz Lübeck zum Leben erweckt werden. Hinter der historischen Kulisse ragten die Kräne der Lenin-Werft auf, deren Bild um 1980 um die Welt ging: Mit Massenstreiks ertrotzten hier die Arbeiter die unabhängige Gewerkschaft ›Solidarität‹, die schließlich, vom polnischen Papst samt CIA-Geldern tatkräftig unterstützt, den Sozialismus in Polen in die Knie zwang.

Dreigestirn an der Danziger Bucht

Doch Danzig ist mehr als wiedergewonnene Schönheit und ›Wiege der Solidarität‹. Wussten Sie, dass es Teil einer Dreistadt ist? Diese vereint die

Danzigs Symbol alter Größe – das Rathaus und die stolzen Hanse-Häuser am Langen Markt. Schwindlig wird man auch, wenn man sich dort im Kreis dreht.

historischen Hanseviertel am Fluss, einen quicklebendigen Badeort und eine moderne Hafen-City: Danzig, Sopot und Gdynia – ein spannendes Dreigestirn. Während man in Danzig feine Architektur aus 1000 Jahren erlebt, überrascht Gdynia mit reinem Bauhausstil und einem maritimen Ambiente, das noch ganz frei von aufgesetzter Seemannsromantik ist. Im Bade- und Kurort Sopot, einem Mekka polnischer Künstler und Bohemiens, können Sie lange Strandwanderungen unternehmen und sich in die Fluten der Ostsee stürzen. Nur wenige europäische Großstädte bieten so herrliche Strände! Sie beginnen westlich der Mottlaumündung und erstrecken sich 17 Kilometer längs der Küste: weiß und puderfein, meist von einem Grüngürtel begrenzt und hier und da von zerklüfteten Klippen flankiert. Attraktiv ist freilich auch das Hinterland mit seinen waldreichen Hügeln, die in eine große Seenplatte übergehen. »Wäre der Winter nicht so lang«, sagte mir ein Danziger, »gäbe es keinen Grund, der Stadt jemals den Rücken zu kehren«.

Neue goldene Zeit

Mit Hilfe der Europäischen Union fließt (vorerst noch) viel Geld in die Verschönerung der Stadt. Ein halbes Dutzend hochkarätiger Museumstempel beleuchten Danzigs maritime Traditionen sowie seine jüngere Vergangenheit. Es entstehen funkelnde Konzerthäuser und Spielstätten für Theater, ganze Viertel werden aufpoliert. Grünflächen ersetzen verwilderte Plätze, und wo immer dies möglich ist, werden Radwege angelegt.
Auch die Danziger Alternativszene ist rege, sie schafft sich neue Treffpunkte, Bühnen und Galerien. Kein Wunder, dass alle, die in Polens Norden etwas werden wollen, in die Dreistadt ziehen!

Danzig in Zahlen

0

Stunden müssen Sie Ihre Uhr vor- oder nachstellen, die Uhrzeit ist die gleiche wie in Deutschland.

4

Złoty entsprechen in etwa einem Euro.

7

Sternkonstellationen entdeckte der Danziger Hevelius mit selbstgebauten Teleskopen.

9

Stationen fahren Sie mit dem Stadtzug SKM von Danzig nach Sopot, zählen Sie die Haltestellen! Bei Nr. 9 müssen Sie aussteigen.

16

Provinzen (Woiwodschaften) zählt Polen, Danzig ist die Hauptstadt von Pommern (Województwo Pomorskie).

35

Küstenkilometer umfasst die Danziger Bucht.

50

°F entsprechen 10 °C: Die anglo-amerikanische Temperaturskala wurde vom Danziger Physiker Daniel Gabriel Fahrenheit entwickelt.

54

monumentale, poppig bunte Wandbilder entstanden im ansonsten tristen Stadtviertel Zaspa.

85

% der Bevölkerung bezeichnen sich als gläubige Katholiken, doch nur 40 % gehen sonntags zur Messe.

100

% der Bevölkerung wurden nach dem Zweiten Weltkrieg ausgetauscht: die Deutschen mussten gehen und wurden durch aus dem Osten vertriebene Polen ersetzt.

402

Stufen führen hinauf zum Turm der Marienkirche.

415

km² misst die Dreistadt, d. h. Danzig, Sopot und Gdynia zusammengenommen.

747 800

Einwohner hat die Dreistadt, davon leben über 462 200 in Danzig.

Was ist wo?

Willkommen in der Dreistadt, Polens schönster Ostseemetropole! Sie erstreckt sich über 35 Kilometer längs einer großen Bucht, die vom historischen Danzig über den Badeort Sopot bis zum modernen Gdynia reicht. Die meisten Besucher landen am Flughafen in Rębiechowo, der neun Kilometer westlich von Danzig liegt. Wer mit dem Zug bzw. Bus ankommt, ist noch näher dran und läuft nur wenige Schritte ins historische Zentrum.

Das historische Danzig

Die Stadt Danzig liegt an der Mottlau, einem Seitenarm der Weichsel. Touristen beschränken sich meist auf das ›historische‹ Danzig, das sich gut zu Fuß ablaufen lässt. Es liegt größtenteils westlich des Flusses und besteht aus der verkehrsberuhigten **Rechtstadt,** der **Altstadt,** der **Speicherinsel** und der **Alten Vorstadt.**

Das Vorzeigejuwel ist die **Rechtstadt** (Główne Miasto, 🕮 B–D 5/6), die ›rechte‹, d. h. ›richtige‹ Stadt, wo Kultur und Architektur aus 1000 Jahren vereint sind. Bis zum heutigen Tag strahlt sie den Glanz ihrer ›goldenen Epoche‹ aus: Hier wohnten reiche, meist deutsche Kaufleute, die sich repräsentative Residenzen, Kirchen und Festhäuser leisteten. An die Rechtstadt schließt sich nordwärts die **Altstadt** (Stare Miasto, 🕮 B/C 3/4) an. Sie war schon vor dem Jahr 1000 bewohnt und ist damit älter als die Rechtstadt, aber nicht so repräsentativ wie diese. Vor allem slawische Handwerker und Fischer lebten hier – mit eigenem Rathaus, Kirchen und Klöstern. Anders als die Rechtstadt wurde die Altstadt nach dem Zweiten Weltkrieg nicht im Maßstab 1:1 neu errichtet – dafür reichte das Geld leider nicht. In den letzten Jahren entstanden hier ein paar spektakuläre Museen.

Auch am gegenüberliegenden Flussufer ist Spannendes zu entdecken. Zwischen Alter und Neuer Mottlau liegen die 1945 ausgebombten Schatzkammern der Stadt, die **Bleihofinsel** (Ołowianka, 🕮 D/E 4/5) und die **Speicherinsel** (Spichlerze, 🕮 C/D 6–8). Sie erleben derzeit eine Renaissance: Der fertiggestellte Jachthafen liefert die Kulisse für schicke Hotels und Restaurants, die Philharmonie und das Nationale Maritime Museum. Ähnliches ist für die Speicherinsel geplant, deren ›lebendige Ruinen‹ in eine moderne Architektur eingebunden werden sollen.

Nur wenige Schritte entfernt, aber durch die viel befahrene Podwale Przedmiejskie getrennt, liegt die **Alte Vorstadt** (Stare Przedmieście, 🕮 B/C 7). Besucher zieht es hier vor allem ins Nationalmuseum, eine Schatzkammer alter Kunst mit Hans Memlings Gemälde »Das Jüngste Gericht«, einem Meisterwerk des 15. Jh.

Danzigs Vororte

Der 3 km entfernte Vorort **Wrzeszcz** (Langfuhr, 🕮 Karte 4, B 2/3) ist mit Bus oder Tram schnell erreicht. Hier hat die Danziger Universität ihren Sitz. Studenten freuen sich über das noch immer niedrige Mietniveau und genießen das Nachtleben in szenig-schrägen Lokalen. Mit seinen Mega-Malls (Manhattan, Galeria Bałtycka) ist Wrzeszcz auch ein wichtiges Einkaufsviertel für die gesamte Dreistadt. Über die Aleja Grunwaldzka geht es weiter zum Villenvorort **Oliwa** (Oliva, 🕮 Karte 4, A 2), der für seine prächtige Kathedrale, Museen in historischen Räumen, Parkanlagen und

Polens schönsten Zoo bekannt ist. Per Wasserstraßenbahn oder Ausflugsschiff gelangen Sie nach **Nowy Port** (Neufahrwasser, 🕮 Karte 4, B 2) mit der Halbinsel Westerplatte und der auf einer Flussinsel gelegenen Festung Weichselmünde. Westlich von Nowy Port, bei **Brzeźno** (Brösen), beginnt ein Paradestrand, der sich – von einer Promenade begleitet – volle 17 Kilometer bis Gdynia erstreckt. Der einstige Fischer- und Badeort wird zurzeit aufgehübscht – kein Strand liegt näher an der Recht- oder Altstadt! Tristesse herrscht dagegen in den angrenzenden Plattenbau-Vierteln **Przymorze** und – trotz der Graffitifassaden – in **Zaspa** (Saspe).

Sopot – baden & feiern

14 km nördlich von Danzig liegt **Sopot** (🕮 Karte 3), das sich Polens schönstes Seebad und dank seiner Quellen auch Kurort nennen darf. Es bietet einen herrlichen Sandstrand, verspielte Villen und Top-Hotels mit Spas. Sopot ist freilich nicht nur Bade- und Erholungsort. Mit legendären Clubs und Pubs ist es zugleich ein Hotspot der Nachtszene. Erreichbar ist Sopot mit dem Stadtzug SKM vom Danziger Hauptbahnhof (Anfahrt: Gdańsk Główny, Gleise 1–5, Ausstieg an der Haltestelle Sopot) oder mit der Wasserstraßenbahn.

Gdynia – Tor zur Welt

Polens ›Tor zur Welt‹ liegt 10 km nördlich von Sopot. Die Stadt **Gdynia** (🕮 Karte 4, A 1) ist das Gegenbild zum historischen Zentrum – Gotik, Renaissance und Barock sucht man hier vergebens. Stattdessen wird verwirklicht, was als modern gilt: So war es schon vor hundert Jahren, als Gdynia in den Formen des Bauhauses entstand, und so ist es noch heute, da sich Gdynia mit Palästen aus Glas und Stahl neu erfindet. Bislang wird es von nur wenigen Besuchern angesteuert. Wer hier Urlaub macht, kann in einen entspannten polnischen Alltag eintauchen. Erreichbar ist die Stadt mit dem Stadtzug SKM vom Danziger Hauptbahnhof (Anfahrt: Gdańsk Główny, Gleise 1–5, Ausstieg an der Haltestelle Gdynia Główna).

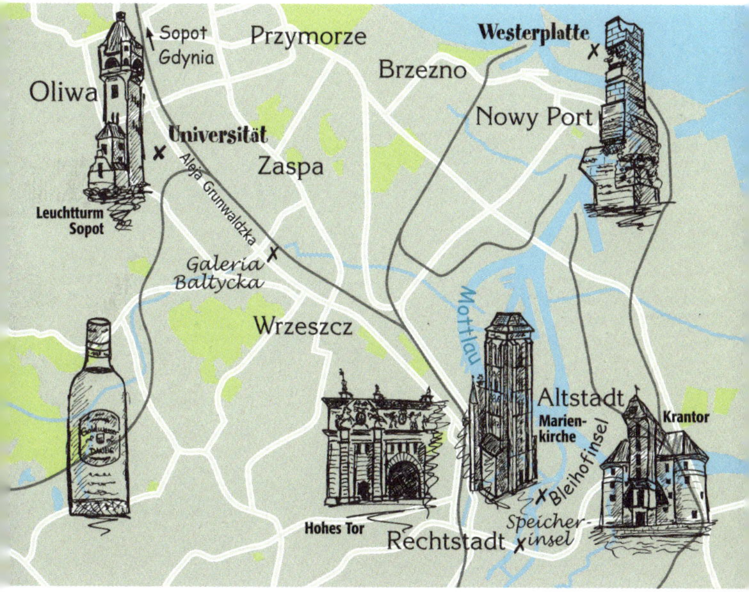

Augenblicke

Danziger Wasserspiele

Nie weiß man, welche Wasserfontäne als nächste hochspritzt. Und genau darum ist der Spaß groß, wenn Wagemutige vom plötzlich aufschießenden Strahl erwischt werden. Im Sommer sind die Kinder nicht fortzulocken, die Erwachsenen schauen ihrem Spiel begeistert zu. Vier lebensgroße Bronzelöwen mit gebleckten Zähnen und zotteliger Mähne halten Wache – sie zollen Danzigs Wappentieren Tribut. Und auch nachts hört der Spaß nicht auf: Dann wird das »Wasserspiel der vier Löwen« in Rot, Blau und Grün angestrahlt …

Aus der Vogelperspektive

Ohne Frust keine Lust: Erst müssen Sie steile Stiegen erklimmen, dann liegt Ihnen die Stadt zu Füßen! Vom Turm des Alten Rathauses schauen Sie auf die Patrizierhäuser des Langen Markts, vom Turm der Marienkirche auf die Gassen der Rechtstadt. Im Turm des Archäologischen Museums sind Sie mit dem Dachfirst eben jener Kirche auf Augenhöhe. Mit dem Lift erreichbare ›Adlerhorste‹ sind: High 5 im Hilton und Cała Naprzod im Zentrum für Meereskultur.

Im Café Ferber

Junge Polen aus Danzig haben kein Problem damit, ihre deutschen Stadtahnen zu ehren: Pfiffige Investoren benannten ihr Café nach der Bankiers- und Kaufmannsfamilie Ferber, die hier über 300 Jahre lang die Strippen zog: Fünf Bürgermeister, zwei Pfarrer und ein Bischof gingen aus ihr hervor! Offenbar wollen die Café-Betreiber an ihren Erfolg anknüpfen. Überlebensgroße Porträts zeigen Mauritius Ferber samt Gattin anno 1598 – er mit wallendem Haar in der Pose des Gelehrten, sie mit Halskrause als Grande Dame. Unter dem strengen Blick der Ferbers treffen sich die Danziger auf eine Tasse Kaffee, spielen eine Partie Schach oder üben sich in Müßiggang. Und mittlerweile gibt es auch ein Café Ferber in Sopot …

Ihr Danzig-Kompass

WOMIT FANGE ICH AN?

#2
Schaltzentrale einer Ostseemacht – **Rechtstädtisches Rathaus**

#3
Im Reich des Bernsteins – **das Museum im Stockturm**

#1
Das Herz der Rechtstadt – **Langgasse und Langer Markt**

#15
Maritime Traditionen – **in Gdynia**

#14
Von Sopot gen Norden – **am Fuß der Adlerklippen**

#13
Wellness an der Küste – **in Sopot**

#12
Ins Grüne – **nach Oliwa**

Zeitreise, rot-weiß

TRÄNEN DER GÖTTER ODER VERSTEINERTER HONIG?

fast alles GOLD, was glänzt

BAUHAUS LÄSST GRÜSSEN!

Südsee an der Ostsee

LAUFSTEG AUFS MEER

ABSCHALTEN AUSRUHEN, AUFATMEN…

1 2 3 15 14 13 12

#4

Europas größte Backsteinkathedrale – **die ›dicke Marie‹**

AUSSEN WUCHTIG INNEN LUFTIG

#5

Architektonische Funde – **von der Mottlau zur Jopengasse**

SEELUFT SCHNUPPERN

#6

Seefahrt über alles – **das Nationale Maritime Museum**

Von Krantor bis Kajüte

#7

Danziger Spirits – **Goldwasser & Co.**

Na zdrowie

#8

Perlen im Schatten der Rechtstadt – **die Danziger Altstadt**

das Danzig der ›kleinen Leute‹

#9

Danzig im Weltkrieg – **von der Polnischen Post zur Westerplatte**

»AB 5.45 UHR WIRD ZURÜCKGESCHOSSEN!«

Solidarität – wo bist Du?

HIER ERWARTET SIE DAS JÜNGSTE GERICHT!

#11

Schätze in der Alten Vorstadt – **das Nationalmuseum**

#10

Lehrstunde Geschichte – **Europäisches Zentrum der Solidarität**

1

Das Herz der Rechtstadt – **Langgasse und Langer Markt**

Wie im Märchen: Erst passieren Sie drei Tore, dann stoßen Sie auf eine Prachtmeile, die zu einem langen Markt führt. Dieser ist ringsum von pastellfarbenen Patrizierhäusern gesäumt, eines schöner als das andere. Der Artushof, das Goldene Haus und der Neptunbrunnen geben Einblick in eine Epoche, in der Danzig die Metropole der Ostsee war.

Durch viele Tore sollst Du gehen …

Das **Hohe Tor** 1 (Brama Wyżynna), erbaut 1588, macht seinem Namen alle Ehre. Mit seinen Säulen erinnert es an einen Triumphbogen, was durch drei Wappen unterstrichen wird: Das polnische in der Mitte wird von Engeln gehalten, das Danziger von Löwen und das Königlich-Preußische von Einhörnern. Ein lateinischer Schriftzug mahnt: »Gerechtigkeit und Frömmigkeit bilden das Funda-

Die Kamera hoch … am Langen Markt fotografiert jeder, der nicht in Danzig zu Hause ist. Und gleich gibt's noch ein Selfie mit dem Hohen Tor im Hintergrund.

ment der Herrschaft«. Die Danziger machten sich ihren eigenen Reim drauf und lasen den zweiten Teil *(regnorum omnium fundamenta)* als »Ruhm ist das Fundament aller Dinge«. Auch das Innere des Torhauses kann für Sie von Interesse sein, denn darin befindet sich die Touristeninfo für die Region Pommern. Ein paar Schritte weiter tut sich das nächste Tor auf: Durch meterdicke Mauern sind der **Stockturm** (Wieża Więzienna) und die **Peinkammer** 2 (Katownia) zu einer Festungsanlage, dem **Vortor** (Przedbramie), verbunden. Die Namen deuten es an, doch auch die abweisende Backsteinfassade macht klar, dass hier wenig Freundliches geschah. Im Stockturm tagte bis 1861 das Gericht, das Gefängnis war ebenfalls hier untergebracht. Heute ist aller Schrecken aus den Räumen verbannt. Ein **Bernsteinmuseum** ist eingezogen und weiht Sie ein in die Geheimnisse des schillernden Stoffs (► S. 28). Eine Augenweide ist das **Goldene Tor** 3 (Złota Brama), das 1614 – analog zum Hohen Tor – als Triumphbogen konzipiert wurde. In deutschen Goldlettern wird über dem Eingangsbogen verkündet: »Es müsse wohlergehen denen, die dich lieben – Es müsse Friede sein inwendig in deinen Mauern und Glück in deinen Palästen«. Die acht das Tor krönenden Frauenfiguren verkörpern die lichte Seite von Herrschaft. Es sind Allegorien von Frieden und Freiheit, Reichtum und Ruhm; Weisheit und Gottvertrauen, Gerechtigkeit und Eintracht.

Bernstein ist zwar ein bisschen aus der Mode gekommen, aber schauen Sie mal ganz genau hin: Mitunter sind im verhärteten Harz sogar Insekten eingeschlossen. Es gab einmal eine Zeit, da galt der ›Stoff‹ als königlich … sogar Wandpaneele hat man draus gemacht.

Langgasse – schauen und staunen

Kaum haben Sie das Goldene Tor passiert, nimmt Sie die **Langgasse** 4 auf (ul. Długa). Sie präsentiert sich als Danzigs Prachtmeile, eine 300 m lange, mit hellem Stein ausgelegte Fußgängerstraße, beiderseits flankiert von Kaufmannshäusern. Diese sind schmal, weil hier schon im Mittelalter Wucherpreise für Grund und Boden verlangt wurden. Statt in die Breite wurde in die Höhe gebaut – fünf Stockwerke sind keine Seltenheit. Der Reichtum der einstigen Besitzer spiegelt sich in den aufwändig gestalteten Fassaden. Lassen Sie Ihren Blick über die Häuser schweifen, sehen Sie Reliefs und Skulpturen zarter Nymphen, vollbusiger Meeresgöttinnen und exotischer Paradiesvögel. Um sich eine Vorstellung davon zu machen, wie es

Das Hohe Tor

einst hinter den Fassaden zuging, empfiehlt sich ein Besuch im **Uphagenhaus** 5 (Dom Uphagena). 1775 erwarb es der gleichnamige Kaufmann, der es zu einer schönen Residenz ausbauen ließ. Von der Diele bis zum Salon wurden die Räume nach historischen Bildern im Maßstab 1:1 nachgebaut, wobei auf originale Materialien zurückgegriffen wurde. Gleichfalls lohnt eine Stippvisite in der mit einem blauen Glasgewölbe aufwartenden **Post** 6 (Poczta, Nr. 22). Ein paar Schritte weiter gefällt das **Ferberhaus** 7 (Dom Ferberów, Nr. 28) mit seiner Renaissance-Fassade. Die Ferbers, die hier 300 Jahre lang lebten, stellten fünf Bürgermeister, zwei Pfarrer und einen Bischof. Schräg gegenüber (Nr. 77) zeigt das nach ihnen benannte Café überlebensgroße Porträts zweier ihrer Vertreter anno 1598. Nicht

INFOS/ÖFFNUNGSZEITEN

Stockturm & Peinkammer 2: s. Bernsteinmuseum ▸ S. 29
Uphagenhaus 5: ul. Długa 12, www.mhmg.pl, 16. Juni–15. Sept. Mo 9–13, Di–Do 9–16, Fr/Sa 10–18, So 10–16, 16. Sept.–15. Juni Di 10–13, Mi–Sa 10–16 (Do bis 18), So 11–16 Uhr, 2,50 €
Artushof (mit Danziger Diele) 12: Długi Targ 43–44, www.mhmg.pl, 16. Juni–15. Sept. Mo 9–13, Di–Do 9–16, Fr/Sa 10–18, So 10–16, 16. Sept.–15. Juni Di 10–13, Mi–Sa 10–16 (Do bis 18), So 11–16 Uhr, 2,50 €
Museum Freistadt Danzig 14: Długi Targ 25/27, Di–So 12–17 Uhr, 2 € (Museumsführer in Deutsch)
Grünes Tor/Galerie des Nationalmuseums 15: Długi Targ 24, www.mng.gda.pl, Di–So 10–17 Uhr, 2,50 €

KULINARISCHES FÜR ZWISCHENDURCH

Das **Lookier Café** 1 wurde zu einem Lokal erweitert, in dem Sie sich in luftig-elegantem Ambiente stärken können (ul. Długa 39, Mobil 514 92 59 39, www.lookiercafe.pl, tgl. 9–22 Uhr, Gerichte ab 4 €).

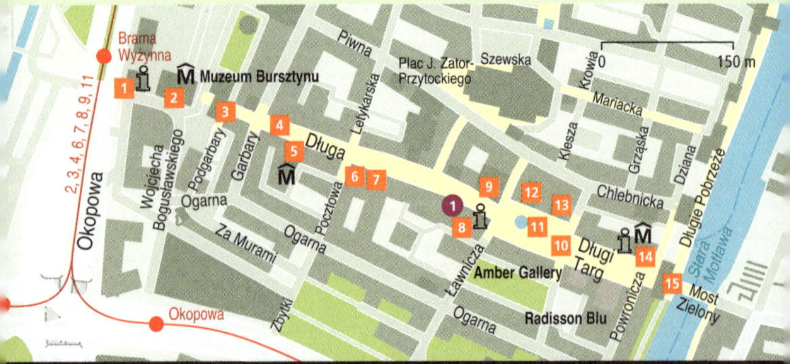

Cityplan: B–D 6 | **SKM, Tram:** 2, 3, 6, Brama Wyżynna

minder einflussreich war eine weitere Dynastie, die Sie im **Schuhmannhaus** 8 besuchen können (Dom Schumannów, Nr. 45). Die dunkle Holzeinrichtung im heutigen PTTK-Infobüro führt Danziger Stil anno dazumal vor. Gegenüber dem Schuhmannhaus führt eine Freitreppe zum **Rechtstädtischen Rathaus** 9, dem die zweite Tour gewidmet ist (► S. 25).

Langer Markt – Danzigs gute Stube

Die Langgasse weitet sich zum **Langen Markt** 10 (Długi Targ) – hier schlägt das Herz der Rechtstadt! Im Tohuwabohu von Terrassencafés, Souvenirverkäufern und Straßenmusikern behauptet sich am **Neptunbrunnen** 11 (Fontanna Neptuna) der Meeresgott: ein kraftvoller Mann mit Dreizack, umsprüht von Gischtfahnen, die possierliche Putten ausspucken. 1633 geschaffen, symbolisiert er Danzigs enge Verbindung zum Meer. Nicht zufällig erhebt sich direkt dahinter der **Artushof** 12 (Dwór Artusa), wo reiche Kaufleute ihre guten Geschäfte mit einem Festmahl besiegelten – so wie einst König Artur am legendären runden Tisch. Ab 1742 diente der Artushof als Börse. Heute sind erneut Feste angesagt: Danziger Gäste von Rang werden hier mit Glanz und Gloria empfangen. Großartig ist die helle, von hohen Fenstern durchschnittene Fassade, auf deren Attika Fortuna, die Göttin des Glücks thront. Auf Augenhöhe grüßt ein anmutiger Gott: der geflügelte Merkur, Schutzherr der Kaufleute. Noch schöner präsentiert sich der Artushof von innen: Der Festsaal wird von Fächergewölben überspannt, die auf Granitsäulen ruhen. Zum beschwingten Eindruck tragen die an unsichtbaren Fäden hängenden, durch den Raum schwebenden Schiffsmodelle bei.

Ein Portal bietet Zugang zur Danziger Diele mit gedrechselter Wendeltreppe, Kamin und bemalter Decke. Zum Langen Markt öffnet sich dreimal am Tag (je 5 Min. nach 13, 15, 17 Uhr) ein Giebelfenster und es erscheint ein **»Mädchen im Fenster«**: Es erinnert an Hedwig, die hier im 17. Jh. von ihrem Onkel gefangen gehalten wurde, damit kein anderer Mann sähe, wie schön sie sei. Sehr eigen war auch Bürgermeister Speymann, der sich unverblümt im benachbarten **Goldenen Haus** 13 (Złota Kamienica) feiert: Vom Papst

Der Kaiser und seine Dame – auf den 520 Farbreliefs am Kachelofen im Artushof wurden die Fürsten Euopas in der Mitte des 16. Jh. porträtiert.

N
NOCH WAS

Unter den 520 **Kachelabbildungen** des riesigen Ofens im **Artushof** versteckt sich ein Spaßvogel: Er entblößt sein Hinterteil und betrachtet es im Spiegel. Die Kachel war dazu angebracht, einen unliebsamen Gast dem Spott der versammelten Kaufleute preiszugeben. Denn folgte der Gast der Aufforderung, den Umfang des Ofens mit seinen Armen zu schätzen, berührten seine Lippen zwangsläufig den Hintern des Schelms.

Da guckt ein echter Hirsch aus dem Bild! Die originalen Renaissancebilder im Artushof gingen 1945 zwar verloren, aber auch sie wurden nach Archivdokumenten rekonstruiert.

zum goldenen Ritter geschlagen, ließ er sein Haus 1609 vom Danziger Stararchitekten Abraham van den Blocke mit viel Blattgold aufpolieren. Mehrere Häuser am Markt können von innen besichtigt werden. Die Touristeninfo beeindruckt mit viel Rokoko (Nr. 28), der Goldwasser Coffee Shop mit Danziger Likören (Nr. 29); in der Bernsteingalerie werden kuriose Tricks vorgeführt (Nr. 16), das Radisson Blu zeigt, wie großartig sich Altes und Neues verbinden lässt (Nr. 19). Das kleine **Museum Freistadt Danzig** 14 (Strefa Historyczna Wolne Miasto Gdańsk) erinnert mit Originalstücken an die Jahre 1920–1939, als Danzig noch mehrheitlich von Deutschen bewohnt war. Nebenan ehrt ein unscheinbares Thermometer einen weiteren deutschen Danziger: Nach der Skala von Daniel Gabriel Fahrenheit (1686–1736) wird noch heute in der angelsächsischen Welt die Temperatur gemessen.

Wir verlassen den Königsweg, indem wir das monumentale, 1568 als königliche Residenz konzipierte **Grüne Tor** 15 (Brama Zielona) durchschreiten. Kein Monarch hat je im Backsteinbau genächtigt, doch Lech Wałęsa, einst Gewerkschaftsführer und Präsident, unterhält hier sein Büro. Besuchen können Sie ihn nicht, wohl aber die im Grünen Tor untergebrachte Galerie des Nationalmuseums.

UM DIE ECKE

Dunkle Hinterhöfe entsprachen nicht der sozialistischen Wohnkultur, darum wurden hinter den wiederaufgebauten Prunkhäusern Gärten angelegt. Bis heute tollen hier Kinder, während ihre Eltern auf der Bank einen Plausch halten.

Schaltzentrale einer Ostseemacht – **das Rechtstädtische Rathaus**

#2

Kein anderes Gebäude verkörpert Danzigs Glanz und Größe so eindrucksvoll: Zu sehen sind ›rote‹ und ›weiße‹ Säle, Damast an Decke und Wand, viel Goldstuck und Gemälde flämischer Meister. Ein Spaziergang durch das Haus ist eine Zeitreise in Danzigs Geschichte – von der Fischersiedlung bis zur Zerstörung im Zweiten Weltkrieg.

Mit seiner Schaufassade, den Ecktürmchen und Blendarkaden, vor allem aber mit seinem hoch aufschießenden Turm ist das **Rechtstädtische Rathaus** 1 (Ratusz Głównego Miasta) der Blickfang der Langgasse. 1327 wurde mit dem Bau begonnen, abgeschlossen wurde er in Danzigs Glanzzeit, dem 16. Jh. – Gotik und Renaissance wunderbar vereint!

Opulente Interieurs ...

Eine Treppe führt hinauf zum **Hauptportal**, das vom steingemeißelten Danziger Wappen gekrönt wird. Unter der Balustrade der Freitreppe

Prachtkulisse: Durchs Grüne Tor schauen Sie über den Langen Markt auf Danzigs Rathaus.

Die großartige Decke des Roten Saals mit Bildern von Izaak van den Blocke war ausgelagert und überdauerte so die Zerstörung Danzigs.

K KÜNSTLER

Man stolpert über sie auf Schritt und Tritt. Die aus Flandern 1573 eingewanderte **Familie van den Blocke** brachte Stararchitekten und Künstler hervor, die der Recht- und Altstadt ihren Stempel aufdrückten. Sie schufen u. a. das Hohe und das Goldene Tor, das Goldene Haus am Langen Markt, die Skulpturen für das Große Zeughaus und die 25 Deckengemälde im Prunksaal des Rechtstädtischen Rathauses.

versteckt sich eine geheimnisvolle kleine Tür, die nicht etwa zum Kohlenkeller führt, sondern zur Ernüchterungszelle! Wählen Sie den oberen Eingang, befinden Sie sich sogleich in der **Diele** mit einer kunstvollen Wendeltreppe.

Von dort gelangen Sie in den ersten Stock mit dem **Roten Saal,** dem schönsten Raum des Rathauses. Seinen Namen verdankt er dem roten, die Wände und Bänke bespannenden Damast. Blickfang ist die Decke mit 25 in Goldrahmen eingefassten Gemälden, die die Stadtgeschichte glorifizieren. So üppig ist der Dekor, dass man meint, die Decke würde sich unter der Last biegen – die goldenen Zapfen, Trauben und Blüten scheinen geradezu herunterzutropfen! Einen längeren Blick lohnt das Oval in der Mitte: Es zeigt einen Triumphbogen, auf dem Danzigs Panorama erscheint. An seinem Fuß stehen Kaufleute aus aller Herren Länder; polnische Adelige und Danziger Patrizier reichen sich die Hand, während Gottes Hände schützend die Spitze des Rathausturms umgreifen. Am Fuß des Bogens fließt die Weichsel: Auf ihr wurde polnisches Getreide verschifft, dessen Umschlag Danzig so viel Wohlstand brachte. Gemalt hat die Bilder Izaak van den Blocke 1609. Ebenso üppig ist der von zwei antiken Figuren gehaltene Kamin, auf dem Danzigs goldenes Löwenwappen thront.

Vom Roten Saal gelangen Sie in die **Winter-Ratsstube,** die dem Bürgermeister als Arbeitsraum diente. In der Kleinen Wettstube plante man die Umsetzung der Ratsbeschlüsse. Bilder polnischer Könige schmücken die **Große Wettstube** (Weißer Saal), wo Versammlungen der Ratsherren, Gerichtsverhandlungen und Königs-Audienzen stattfanden. Im zweiten Obergeschoss lohnt vor allem ein Blick in die **Kämmerei,** den Saal der Stadtkasse. Zu den wenigen geretteten Bildern gehört Anton Möllers »Zinsgroschen« von 1601. Der Maler hat die neutestamentarische Szene auf dem Langen Markt angesiedelt: In Sichtweite von Jesus stehen Danziger Ratsherren mit schwarzer Robe und steifer Halskrause. Nicht minder sehenswert sind die Räume, die anhand von Stichen und Dokumenten, Navigationsgeräten und Schiffsmodellen die Geschichte der Stadt nachzeichnen. Historische Fotos zeigen das kriegszerstörte Danzig 1945 und den Wiederaufbau.

Die Straßenmusiker vor dem Rathaus zaubern etwas von der originalen Renaissance-Atmosphäre in die heutige Zeit.

... und ein hoher Turm

Zum Abschluss empfiehlt sich der Aufstieg auf den mit der Goldfigur des polnischen Königs geschmückten Turm. Dem Monarchen verdankte die Stadt viele Privilegien, weshalb sie ihn auf der Spitze des Rathauses postierte. Überragt wird er von einer Kogge – eine Hommage an die vielen Danziger, die mit ihren oft abenteuerlichen Seefahrten zum Wohlstand der Stadt beitrugen. Von der 45 m hohen Aussichtsplattform bietet sich ein herrlicher Blick über die Gassen der Rechtstadt.

Die 37 Glocken des Carillons geben zu jeder vollen Stunde eine schöne Melodie zum Besten, besonders schön und lang um 12 Uhr. Auch eine Sonnenuhr an der Ostseite des Turms verkündet die Zeit und mahnt mit einer lateinischen Aufschrift »Unsere Tage sind nichts als Schatten«.

INFOS/ÖFFNUNGSZEITEN

Rechtstädtisches Rathaus 1: ul. Długa 46/47,www.mhmg.pl, 15. Juni–15. Sept. Mo 9–13, Di–Do 9–16, Fr/Sa 10–18, So 10–16, 16. Sept.–15. Juni Di 10–13, Mi–Sa 10–16 (Do bis 18), So 11–16 Uhr, 3 €

KULINARISCHES FÜR ZWISCHENDURCH

Im Café der Konditorei **Pellowski** 1 (ul. Długa 40, tgl. 7–18 Uhr) versorgen Sie sich mit hausgemachtem Kuchen, Kanapees oder Desserts und setzen sich dann nach draußen – mit Blick aufs Rathaus.

Cityplan: Karte 2, C 6 | **SKM, Tram:** 2, 3, 6, Brama Wyżynna

#3

Im Reich des Bernsteins – **das Museum im Stockturm**

Das ›Gold der Ostsee‹ in allen Größen, Formen und Farben: roh und geschliffen, als Kunst- und Design-Objekt. Spektakulär sind in Bernstein eingeschlossene Kleintiere – viele Millionen Jahre ruhen sie in ihrem gläsernen Sarg. Aus dem Off ertönt Meeresrauschen, Harzduft erfüllt die Räume des einstigen Gefängnisses.

Metropole des Bernsteins

Das **Bernsteinmuseum** 1 (Muzeum Bursztynu) zeigt auf fünf verwinkelten Etagen alles rund um den kostbaren Stoff. Computergesteuerte Animationen zeigen die Entstehung von Bernstein sowie die Geschichte seiner Gewinnung und Verarbeitung. Vom Rohmaterial bis zum Kunstobjekt sind alle Varianten vereint. Da gibt es klaren Bernstein und solchen mit Einschlüssen, kleine und große Stücke, in Farbschattierungen von Gold über Milchigweiß bis Dunkelbraun und Rot. Insgesamt sind 5000 Exponate zu sehen, u. a. 200 Dauerleihgaben aus der St. Petersburger Eremitage.

Pikawa – pı kawa! (Trink Kaffee!) ... so der Name des gemütlichen Cafés ein paar Ecken weiter

INFOS/ÖFFNUNGSZEITEN

Bernsteinmuseum 1: Targ Węglowy 26, www.mhmg.gda.pl, 16. Juni–15. Sept. Mo 9–13, Di–Do 9–16, Fr/Sa 10–18, So 10–16, 16. Sept.–15. Juni Di 10–13, Mi–Sa 10–16 (Do bis 18), So 11–16 Uhr, 3 €, Aussichtsturm 1,25 €

KULINARISCHES FÜR ZWISCHENDURCH

Das **Pikawa** 1 bietet Apfelkuchen *(szarlotka)* und klassische polnische Törtchen (ul. Piwna 14–15, www.pikawa.pl, 10–23 Uhr).

Cityplan: Karte 2, B/C 5/6 | **SKM, Tram:** 2, 3, 6, Brama Wyżynna

Der Duft, der durch die Museumsräume weht, erinnert daran, dass der goldene Stoff kein Edelstein ist, sondern Harz, das vor Millionen von Jahren von Nadelbäumen getropft ist. Sein Duft lockte Insekten an, die sich in der klebrigen Substanz verfingen und in ihr erstarrten. Im Verlauf von Millionen Jahren haben immer wieder Meere das Land überflutet, so dass der Bernstein im unterseeischen Schlick versank. In schwerem Sturm wird er ausgespült und an die Wasseroberfläche geschwemmt. Oft landet er am Strand, wo er von der Brandung heimgeholt oder vorher von Spaziergängern entdeckt wird. Wer Bernstein findet, darf ihn behalten. Das war nicht immer so: Unter der Herrschaft der mittelalterlichen Ordensritter waren die Küstenbewohner verpflichtet, Bernstein »zu sammeln, zu schöpfen, zu stechen und zu fischen«. Wer ihn heimlich behielt, wurde hingerichtet; zur abschreckenden Wirkung waren am Strand Galgen aufgestellt. Heute wird Bernstein industriell gefördert: Mit hohem Druck wird in Küstennähe Erdschlamm an die Oberfläche gepumpt und nach dem kostbaren Stoff abgesucht. Alsdann wird dieser in Danzigs Manufakturen verarbeitet. Mehr als 8000 Menschen schleifen im Jahr 200 t Bernstein – der dabei geschaffene Wert ist vermutlich höher als jener der pommerschen Landwirtschaft. Die kostbaren Stücke kann man in den Läden der Rechtstadt erstehen. Um zu erkennen, ob ein Stein authentisch oder nur ein billiges Pressprodukt ist, gibt es mehrere Möglichkeiten.

Selbst Segelschiffe werden aus Bernstein gebastelt ... wer dafür genug Zeit hat, hat keine Langeweile!

Es klirren die Ketten, die Handfesseln schnappen zu … das kriminalistische Werkzeug anno dazumal war nicht besonders angenehm!

So kann man ihn in Süßwasser schwimmen lassen: Echter Bernstein ist schwerer und sinkt, Imitate treiben an der Oberfläche. In einem zweiten Test reibt man den Stein an Papier: Echter Bernstein lädt sich elektrisch auf (griech. elektron = Bernstein). Endgültige Gewissheit bringt die Stech- und Feuerprobe: Bernstein gibt beim Druck einer Nadel nach und beginnt bei 150 °C zu schmelzen – diesem Umstand verdankt er übrigens auch seinen Namen, der vom mittelniederdeutschen Bornsteen (= Brennstein) stammt!

Gefängnis und Folterkammer

In einer zweiten Ausstellung wird dokumentiert, dass Stockturm und Peinkammer von 1604 bis 1861 als Gericht und Gefängnis dienten. Folterinstrumente, mit denen Gefangenen Geständnisse abgetrotzt wurden, sind ausgestellt. Man sieht dunkle Zellen, in die sie eingesperrt waren, in die Mauern sind Zeichnungen gekratzt. Die bei Ausgrabungen gefundenen Krüge und Schalen, Teller und Löffel sind gleichfalls ausgestellt. Im Zweiten Weltkrieg diente der Stockturm als Frauengefängnis, im Jahr 1941 waren hier Danziger Jüdinnen interniert, die auf ihren Abtransport ins Konzentrationslager Stutthof warteten. Nach dem Krieg zog der Lehrstuhl für Kriminalistik in den Turm ein; statt Folter und Verhör standen Fahndungsmethoden wie Fingerabdruck, Blut- und DNA-Test auf dem Programm.

Reste von Ketten an der Ostseite des Turms erinnern daran, dass hier Straftäter an den Pranger gestellt und zuweilen enthauptet wurden.

N
NOCH WAS

Oft flüchtete sich **Oskar,** der Held in Günter Grass' nobelpreisprämiertem Roman **»Die Blechtrommel«**, auf den Stockturm. Hier ließ er seinen Protest gegen die Welt der Erwachsenen auf eine originelle Art los: Mit erhobener Stimme ›zersang‹ er die Scheiben des benachbarten Theaters, bis sie zersprangen! Heute öffnet in der Hauptsaison ein Aussichtspunkt auf der Turmspitze.

Europas größte Backsteinkathedrale – **die ›dicke Marie‹**

#4

Man hält den Atem an – und fühlt sich wie im siebten Himmel. Durch riesige Fenster flutet Sonnenlicht in fünf strahlendweiße Kirchenschiffe. Als die Basilika errichtet wurde, bot sie allen 25 000 Danziger Bewohnern Platz. Ihre schiere Größe muss man erst einmal auf sich wirken lassen, bevor man die Schätze der Marienkirche ins Visier nimmt. Zuletzt erklimmt man den Turm und betrachtet Danzig aus der Vogelperspektive.

Reiche Danziger haben die Kirche gestiftet, um sich für die Ewigkeit ein Denkmal zu setzen. 1343 legten sie den Grundstein, 159 Jahre später wurde sie vollendet. Seit 1987 ist sie – nach dem Dom

So groß ist die Kirche, dass Sie Engel fliegen sehen und Fanfaren schmettern hören …

Die Marienkirche ist auch eine Totenstätte. Über 300 in den Boden eingelassene und von vielen Schritten abgeschliffene Grabplatten tragen deutsche Inschriften.

N
NOCH WAS

Nahe dem »Jüngsten Gericht« entdecken Sie das mit einem Schwan verzierte Grab des berühmten schlesischen Dichters Martin Opitz, der 1639 in der Stadt starb. Es heißt, ein Bettler, der ihn zum Dank für eine milde Gabe umarmte, habe Opitz mit der Pest angesteckt. 2005 wurde in der Marienkirche erstmals wieder nach 150 Jahren jemand beigesetzt: Es war der in Danzig geborene Arzt Otto Kulcke, Stifter der neuen Orgel. 2010 folgte ihm der Parlamentsabgeordnete Maciej Płażyński, der beim Flugzeugabsturz der Regierungsmaschine bei Smolensk starb.

von Oliwa (▸ S. 65) – die zweite Kathedrale von Danzig. Mit 105 m Länge und 66 m Breite ist sie überaus mächtig, eine ›dicke Marie‹, wie man sie in deutscher Zeit liebevoll-spöttisch nannte. Aufgelockert wird die Backsteinmasse durch sieben zierliche Türmchen und zwei Schmuckgiebel.

Fantastischer Innenraum

So wuchtig die Kirche nach außen erscheint, so luftig wirkt sie innen. Durch 37 Spitzbogenfenster (das größte 127 m^2!) flutet Sonnenlicht und lässt die weißen Wände erstrahlen. Hohe schlanke Pfeiler lenken den Blick zur Decke, die mit luftigen Stern-, Netz- und Kristallgewölben überspannt ist. Gut kommen in diesem fast asketischen Raum die Kunstwerke zur Geltung. Einige haben – rechtzeitig ausgelagert – die Zerstörungen des Zweiten Weltkriegs überstanden und kehrten später an den angestammten Platz zurück.

Den Flammen zum Opfer fiel die gewaltige **Barockorgel** 1 über dem Hauptportal, die 40 Jahre später rekonstruiert wurde. Vom herrlichen Klang ihrer 46 Stimmen kann man sich während des Gottesdienstes und der sommerlichen Orgelkonzerte überzeugen. Links vom Hauptportal, in der Reinholdskapelle, hängt eine Kopie des **»Jüngsten Gerichts«** 2, Danzigs berühmtestem Gemälde (▸ S. 60).

Nahebei steht eine **Pietà** 3 von 1410, die mit anmutigen Gesichtszügen und weichem Faltenwurf des Gewands den Übergang von der Gotik zur Renaissance ankündigt.

Im Querschiff zieht die **Astronomische Uhr** 4 alle Blicke auf sich: mit 12 Metern Höhe ist sie ein gewaltiges Werk, geschaffen vom Astronom und Mechaniker Hans Düringer (1464–70). Sie zeigt nicht nur die Stunden und Wochentage an, sondern auch den Stand des Neumonds und die Position der Tierkreiszeichen. Punkt 12 Uhr startet die Vorführung des Figurentheaters: Im oberen Aufsatz öffnet sich ein Türchen und es erscheinen nacheinander Maria mit dem Jesuskind, die Heiligen Drei Könige und die Evangelisten. So beeindruckt waren die Stadtväter von der Uhr, dass sie ihrem Schöpfer die Augen ausstechen ließen, damit er kein vergleichbares zweites Werk herstelle. Eine makabre Legende knüpft sich auch ans ausdrucksstarke Kruzifix in der **Kapelle der Elftausend Jungfrauen** 5. Der Bildhauer, heißt es, nagelte 1430 einen seiner Schüler ans Kreuz, um nach einem lebensechten Modell arbeiten zu können. Die Gesichtszüge Christi sind von Todesangst gezeichnet, der Körper ist ausgemergelt – realistischer hat man eine Agonie selten gesehen!

Ein weiterer Höhepunkt ist der **Hochaltar** 6 mit seiner Huldigung an Maria, die Schutzpatronin der Kirche: Meister Michael aus Augsburg hat Mariä Krönung prunkvoll in Szene gesetzt (1510–17).

Dicke Marie? Alles eine Frage des Blickwinkels

Turmaufstieg

Nach über 400 Stufen erreichen Sie das Plateau des 82 m hohen, komplett renovierten **Turms** 7. Es bietet sich ein grandioser Blick auf die Hafenanlagen längs der Mottlau und in die Häuserschluchten der Rechtstadt.

INFOS/ÖFFNUNGSZEITEN

Marienkirche (Bazylika Mariacka): ul. Podkramarska 5, www.bazylikamariacka.pl, Mo–Sa 9–17 Uhr, So 13–17.30, im Sommer tgl. bis 18.30 Uhr, 1 €, Aufstieg zum Turm 1,50 €

KULINARISCHES FÜR ZWISCHENDURCH

Im **Café Kamienica** 1 genießen Sie Kaffee und Kuchen im plüschigen Innenraum oder auf der Terrasse (ul. Mariacka 37/39, www.cafekamienica.com, tgl. ab 11 Uhr).

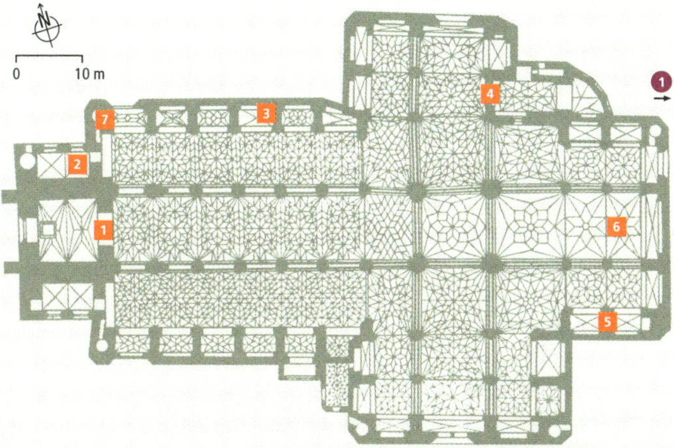

Cityplan: Karte 2, C 5/6 | **SKM, Tram:** 2, 3, 6, Brama Wyżynna

5

Architektonische Funde – **von der Mottlau zur Jopengasse**

Es erwarten Sie stimmungsvolle Gassen mit krummem Kopfsteinpflaster und Giebelhäusern aus Gotik und Renaissance. Die einstigen Besitzer, allesamt reiche Danziger Kaufleute, ließen nichts unversucht, um ihre schmalen Residenzen herauszuputzen. Die besten Steinmetze schufen für sie filigrane Fensterfassaden und opulente Reliefs, Freitreppen und terrassenartige Beischläge. Heute können Sie in fast jedes Haus eintreten – Läden und Lokale machen's möglich.

Golden glänzt die Mottlau in der Abendsonne, der Fluss, dem auch Danzig sein Gold verdankte. Hier am Kai lagen die Getreidefrachter aus Pommern; deren Ladung machte die Kaufleute der Stadt reich.

Dolce Vita an der Mottlau

Alle zieht es zum Wasser und auch die Gassen der Rechtstadt sind zum Fluss ausgerichtet. Sie verlaufen parallel in Ost-West-Richtung und sind an beiden Enden gesichert: zum Land hin mit

Bastionen, zur Mottlau hin mit mächtigen Toren. Vor den Toren verläuft die **Lange Brücke** 1 (ul. Długie Pobrzeże), eine Promenade, die vom Grünen Tor bis zum Fischmarkt reicht. Hier weht eine frische Brise, Möwen kreisen und Schiffe tuckern übers Wasser. Jahrhundertelang war die Lange Brücke Danzigs Hafen und damit sein wirtschaftlicher Dreh- und Angelpunkt. Heute legen am Kai keine großen Pötte mehr an, vor Anker liegen ausschließlich Ausflugsschiffe, Wassertaxis und ›Piratensegler‹. Die quirlige Atmosphäre hat sich erhalten: Man flaniert und fotografiert, kauft sich ein Fischbrötchen oder nimmt Platz in einem der Terrassenlokale. Die Giebelhäuser sind eine Augenweide – eines ist schöner als das nächste. Wahrzeichen der Langen Brücke ist das mittelalterliche **Krantor** 2, Teil des Maritimen Museums (▶ S. 39).

Romantische Frauengasse

Ein paar Schritte weiter bietet das Frauentor (Brama Mariacka) Zugang zur **Frauengasse** 3 (ul. Mariacka). Sie liegt im Schatten der Marienkirche, die sie wie ein Riegel von der Außenwelt abschirmt. So bildet sie eine Welt für sich, ein Refugium, in dem man sich in die Vergangenheit zurückversetzt fühlt. Sie strahlt so viel hanseatisches Flair aus, dass Thomas Manns Roman »Buddenbrooks« nicht am Originalschauplatz Lübeck, sondern hier verfilmt wurde.

Gleich zu Beginn spazieren Sie durch ein Spalier von Bürgerhäusern, die mit ihren reich geschmückten Beischlägen weit auf die Straße ausgreifen. Sie sind mit Granitkugeln, Reliefs und Wasserspeiern geschmückt, Freitreppen führen hinauf zu Terrassen. Seitlich der Treppen, wo man einst in Weinkeller und Warenlager hinabstieg, ducken sich heute Galerien und kleine Bernsteinateliers. Einen fantastischen Blick auf die Gasse bietet der Turm des **Archäologischen Museums** 4: Aus 30 m Höhe schauen Sie in die ›Puppenstube‹. Im Renaissance-Bau entdecken Sie Funde aus dem altslawischen Danzig, darunter ein 3000 Jahre altes, winziges Bernsteinpferdchen. Außerdem gibt es faustgroße, an der Ostseeküste gefundene Bernsteinklumpen mit und ohne eingeschlossene Insekten sowie Stücke aus alten Danziger Sammlungen.

Ü
ÜBRIGENS

Die hoch angesetzten **Beischläge** entstanden im 16. Jh. aus Angst vor Überflutung. Bald lernte man sie aber aus anderen Gründen schätzen: Sie waren ein idealer Ort der Kommunikation – hier sprach man mit den Nachbarn und empfing Besucher. Johanna Schopenhauer, Autorin und Mutter des gleichnamigen, 1788 in der Stadt geborenen Philosophen schreibt: Durch die Beischläge habe Danzig »ein fast südliches Ansehen gewonnen … Ein großer Teil des häuslichen Lebens wurde mit unglaublicher Offenherzigkeit, fast so gut als auf freier Straße, betrieben«.

Nördlich der Marienkirche

Über die ul. Plebania, eine dunkle Passage zwischen Marienkirche und Pfarrei, gelangen Sie zur **Königlichen Kapelle** 5. Mit ihrer roten, verspielten Fassade und mehreren Kuppeln strahlt sie viel Leichtigkeit aus. 1681 ließ sie der polnische König Jan III. Sobieski von seinem Hofarchitekten Tyl-

INFOS/ÖFFNUNGSZEITEN

Archäologisches Museum 4: (Muzeum Archeologiczne) ul. Mariacka 26, www.archeologia.pl/de, Di–So 9–16, Juli–Aug. 9–17 Uhr, 2 €
Königliche Kapelle 5: (Kaplica Królewska) ul. św. Ducha 58, www.bazylikamariacka.pl/historiakaplicy-krolewskiej, nur geöffnet zur Messe So 11 Uhr
Günter-Grass-Galerie 7: (Gdańska Galeria Güntera Grassa) ul. Szeroka 35/Ecke Grobla, www.ggm.gda.pl, Di–Mi 11–17, Do–So 11–19 Uhr
Nikolaikirche 8: (Kościół św. Mikołaja) ul. Swiętojańska 72, www.gdansk.dominikanie.pl, tgl. 8–19 Uhr
Puppengalerie 14: (Galeria Starych Zabawek) ul. Piwna 19/21, www.stare-zabawki.pl, Di–So 11–18 Uhr, 2 €

KULINARISCHES FÜR ZWISCHENDURCH

Was gibt es Schöneres, als am Wasser zu schlemmen? **Goldwasser** 1 (► S. 44), **Kubicki** 2 (► S. 92) und **Żuraw** 3 (► S. 41): An der Uferpromenade reiht sich ein Lokal ans nächste, und am **Fischmarkt** (Targ Rybny) setzt sich der Reigen fort. Regionale Küche finden Sie im Restaurant **Gdański Bowke** 4, benannt nach jenem Seemannstyp, der nach schwerer Verladearbeit am liebsten am Kai herumlungerte, Pfeife rauchte und mit Freude ins Wasser spuckte (ul. Długie Pobrzeże 11, T 58 380 11 11, http://gdanskibowke.com, 10–22 Uhr).

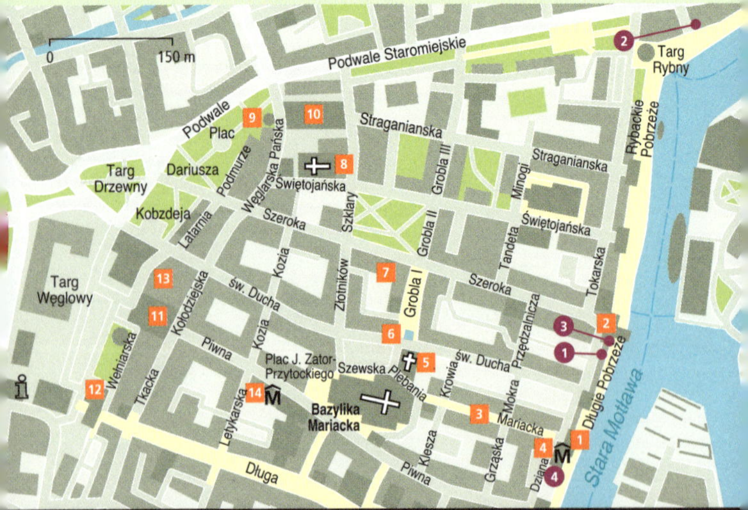

Cityplan: Karte 2 | SKM, Tram: 2, 3, 6, Brama Wyżynna

Hommage an einen großen Berufsgenossen – Frank-Kafka-Ausstellung in der Günter-Grass-Galerie

man van Gameren für die katholische Minderheit Danzigs errichten und man darf annehmen, dass er damit programmatisch katholische Sinnenfreude gegen protestantische Askese ausspielte.

Leichtigkeit versprüht auch der **Brunnen der vier Löwen** 6. Ein großes, vierfarbiges Steinquadrat soll die historischen Viertel der Rechtstadt symbolisieren. Flankiert wird es von Danzigs Wappentieren, vier großen Löwen. Aus 24 Düsen schießen im Minutentakt Wasserfontänen – eine Sommergaudi nicht nur für Kinder!

Drei Schritte weiter entdecken Sie die **Günter-Grass-Galerie** 7. Hier werden Grafiken und Skulpturen des in Danzig geborenen Autors ausgestellt, die beweisen, dass er zugleich ein interessanter bildender Künstler war. Auch die nahegelegene **Nikolaikirche** 8 hat er kommentiert: »Vom Dominikanerkloster ist nur die düstere Nikolaikirche übriggeblieben, deren innere Pracht ganz auf Schwarz und Gold beruht; ein Nachglanz einstiger Schrecken.« Von außen eine abweisende Festung, ist sie innen ein Tempel der Fülle. Wohin man schaut, in Gold getauchte Altäre, dunkler Marmor und Schummerlicht. Von frommen Seelen angebetet wird die Marien-Ikone im nördlichen Schiff, die – ebenso wie viele Neu-Danziger – aus der heutigen Westukraine stammt. Als diese 1945 in die Stadt kamen, war die Nikolaikirche das einzige Gotteshaus, das das Flammen-Inferno unversehrt überstanden hatte. Doch noch aus einem anderen Grund verkörpert sie die Tradition: Seit 1227 gehört sie den Dominikanern. Von deren einsti-

Vier solcher Löwen bewachen das Wasserspiel vor der Königlichen Kapelle – und die Kinder turnen gern auf dem Danziger Wappentier herum.

Danzigs Markthalle erinnert an eine Kathedrale, immerhin steht sie auf den Fundamenten eines Dominikanerklosters. Man stöbert hier nach Mode, Kosmetik, Lifestyle; im Untergeschoss gibt's polnische Spezialitäten.

gem, 1813 abgebranntem Kloster erhielt sich der **Turm des hl. Hyazinth** 9 (Baszta Jacek), der einst den Namen »Kiek in die Kök« besaß (Plattdeutsch »Schau in die Küch«): Aus 36 m Höhe blickten die Turmwächter in die Töpfe der benachbarten Dominikanerküche – diese wurde 2005 bei Bauarbeiten zufällig wiederentdeckt (Piwnica Romańska, ▸ S. 79).

Mit ihren Portalen, Giebeln und Maßwerkfenstern, der verspielten Eisenkonstruktion, die sich zu einem Stahlgewölbe verdichtet, erinnert auch die **Markthalle** 10 an ein Gotteshaus. Jüngste Ausgrabungen belegen, dass sie tatsächlich auf den Fundamenten einer romanischen, längst vergessenen Kirche erbaut ist. Die freigelegten Ruinen wurden mit Plexiglas überdeckt, so dass Besucher in die älteste Zeitschicht des Gebäudes hinabsinken können. ›Sinken‹ ist wörtlich gemeint, denn die Panoramalifte reichen bis zum Untergeschoss.

Südlich der Frauengasse

Den Abschluss der ul. Piwna (Jopengasse) bildet das **Große Zeughaus** 11 (Wielka Zbrojownia), das einstige Waffenarsenal. Mit seiner Backsteinfassade, die mit einer Haut aus vergoldeten Sandsteinreliefs und -skulpturen überzogen ist, wirkt es freilich eher wie ein Palast – ein Prachtwerk des Manierismus. Während in die Obergeschosse die Kunsthochschule eingezogen ist, steht die fantastische Gewölbehalle im Erdgeschoss leer.

Im Zeichen der Waffen steht auch der benachbarte **Georgshof** 12 (Dwór Bractwa św. Jerzego). Jahrhundertelang feierte hier die St. Georgen-Schützenbruderschaft ihre Feste und ihr Patron schwingt auf der Spitze des Türmchens sein Schwert. Selbst die **Alte Apotheke** 13 (Stara Apteka) nördlich des Zeughauses hatte mit Waffen zu tun. Im stattlichen Giebelbau wurden Pulver und Munition fabriziert.

Folgen Sie der ul. Piwna, können Sie auf andere Art in die Vergangenheit eintauchen: In der **Puppengalerie** 14 wird historisches Spielzeug ausgestellt – darunter viele Unikate aus sozialistischer Zeit. Puppenhäuser sind Repliken ehemaliger Wohnungen und die Spielzeugautos Kopien jener Wagen, die einst über Polens Straßen rollten.

Seefahrt über alles – **das Nationale Maritime Museum**

#6

Ein Hingucker an der Mottlau-Promenade ist das Krantor, ein Industriedenkmal aus dem Jahr 1444. Es erscheint so mächtig, als sei es für alle Ewigkeit gebaut. Mit seiner Hilfe konnten noch die höchsten Schiffsmasten aufgerichtet werden. Ans Krantor lehnt sich ein luftiger, lichtdurchfluteter Glaspalast, in dem Boote aus aller Welt vorgestellt werden. Danach setzt man sich selbst in ein Boot, schippert zur Bleihofinsel hinüber und bestaunt die aus gesunkenen Schiffen geborgenen Schätze. Auch ein am Ufer vertäuter Frachter kann inspiziert werden.

Es kann nicht verwundern, dass Danzig eines der wichtigsten Seefahrtsmuseen Europas besitzt: Dem Handel übers Meer verdankt die Stadt ihre Existenz, ihren vergangenen und zukünftigen

Farbkontraste und Baukontraste … das gewaltige Krantor ist ein technisches Meisterwerk des Mittelalters, das Zentrum für maritime Kultur daneben ein lichtdurchfluteter Bau der Moderne.

In der Fassade des Zentrums für maritime Kultur spiegeln sich die Fachwerkspeicher der Bleihofinsel. Setzen Sie mit der museumseigenen Fähre über, dort geht die Ausstellung weiter!

Wohlstand. In mehreren Dependancen des **Nationalen Maritimen Museums** 1 wird das Verhältnis des Menschen zum Meer beleuchtet – hier verbringt man locker einen halben Tag!

Krantor – mittelalterliches Industriedenkmal

Wahrzeichen der Stadt ist das 1444 erbaute, an der Promenade gelegene **Krantor** (Żuraw). Es besteht aus zwei monumentalen Backsteintürmen, zwischen die ein hoch aufschießendes hölzernes Hebewerk gerammt ist. Unter diesem versteckt sich das eigentliche Tor, das den Zugang zur ul. Szeroka bietet.

Das Krantor

Zum Zeitpunkt seiner Entstehung war das Krantor der größte Hafenkran Europas. Mit seiner Hilfe konnten Lasten gehoben und selbst größte Schiffsmasten aufgerichtet werden. In 27 m Höhe war ein Kranbalken angebracht, der weit über den Wasserlauf geschwenkt werden konnte. Er wurde durch hölzerne, 6 m weite Treträder im Innern des Krantors bewegt, die Häftlinge durch ihre Laufarbeit in Bewegung bringen mussten. Spazieren Sie in den Tordurchgang, sehen Sie die mächtigen Treträder über Ihrem Kopf schweben. Bei einem Besuch des Kraninneren kommen Sie noch näher an den Hebemechanismus heran. Außerdem erfahren Sie eine Menge über das einstige »Leben einer Hafenstadt« und sehen anhand von Modellen, wie sich das Mottlau-Ufer im Laufe der Zeit verändert hat. Ein Kontor, das sich hier tatsächlich im Mittelalter befand, ›erzählt‹ vom Alltagsgeschäft eines Kaufmanns.

Zentrum für Maritime Kultur – Mitmachen erwünscht!

Unmittelbar neben dem Krantor hat das 21. Jh. Einzug gehalten: Den Architekten ist das Kunststück gelungen, die moderne Backstein-Glasfassade des **Zentrums für Maritime Kultur** harmonisch in die mittelalterliche Mottlau-Silhouette zu integrieren. Hinter der Fassade befinden sich vier luftige, rund um einen Lichthof angeordnete Stockwerke, auf denen sich alles um die Seefahrt dreht. Und auch die Präsentation setzt moderne Maßstäbe: Statt angestaubter Museumsstücke gibt es interaktive Stationen, an denen kleine und große Besucher animiert werden, sich Seemannswissen praktisch anzueignen. In der Abteilung ›Meer‹ können Sie z. B. einen Tsunami erzeugen oder sich am Sternenhimmel orientieren, um eine Route für Ihr Schiff zu planen.

Und welches Gefährt wünschen Sie sich? In der Abteilung ›Schiffe‹ sind vom afrikanischen Einbaum bis zur venezianischen Gondel viele Originale ausgestellt. Sie dürfen in die Rolle eines Kapitäns schlüpfen und vom Deck aus ein Segel-

L
LECKER

Im vierten Stock des Zentrums für Maritime Kultur fühlen Sie sich wie auf dem Deck eines Kreuzfahrtschiffs. Nicht umsonst heißt das Lokal **Cała Naprzod** 1 (›Alle Kraft voraus‹). Zum schnörkellos-maritimen Ambiente passen kaschubischer Hering und baltischer Lachs. Zweite Wahl ist das Fischlokal **Żuraw** 2 direkt am Wasser.

INFOS/ÖFFNUNGSZEITEN

Nationales Maritimes Museum 1**:** (Narodowe Muzeum Morskie) ul. Długie Pobrzeże s/n, www.nmm.pl, Juli–Aug. tgl. 10–19, Sept.–Dez. und April–Juni Di–So 10–16, Jan.–März Di–So 10–15 Uhr, Kombiticket für die Speicher, das Schiffsmuseum Sołdek und das Krantor 4,50 €

KULINARISCHES FÜR ZWISCHENDURCH

Cała Naprzod 1: ul. Tokarska 21/25, T 58 329 8725, http://calanaprzod.com.pl, tgl. 10–22 Uhr, Hauptgerichte ab 7 €
Żuraw 2: ul. Długie Pobrzeże 32, T 58 301 25 38, www.restauracjazuraw.pl, tgl. 10–24 Uhr, ab 7 €

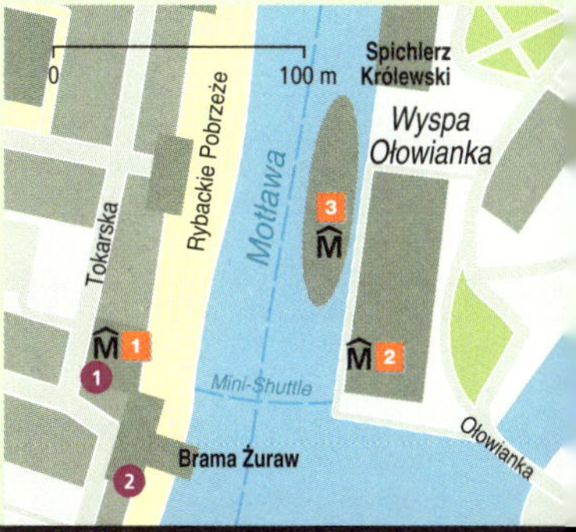

Cityplan: Karte 2, D 5 | **SKM, Tram:** 2, 3, 6, Brama Wyżynna schiff steuern, zuvor haben Sie sich im Schnüren von Seemannsknoten geübt! Kinder freut es besonders, an einem Becken kleine Schiffsmodelle fernzusteuern. Weiter geht's zur Abteilung ›Arbeit im Hafen‹, wo Sie lernen, wie die Logistik eines Container-Terminals funktioniert. Interessant sind auch die maßstabsgetreuen Nachbildungen aller polnischen Leuchttürme.

Und auch die ›Unterwasserarchäologie‹ ist spannend: Sie können im sandigen Boden nach Schätzen suchen, mit einem Tiefsee-U-Boot (Bathyscaph) den Meeresgrund absuchen oder mit einem Echolot die Meerestiefe messen.

Mit dem Schiff zur Bleihofinsel

Mit einer **Mini-Shuttle-Fähre** setzen Sie auf die **Bleihofinsel** 2 (Wyspa Ołowianka) über. Wie auch die benachbarte Speicherinsel (Wyspa Spichrzów) war sie Danzigs ›Schatzkammer‹. In fast zweihundert Fachwerk- und Backsteinhäusern warteten kostbare Güter wie Getreide, Holz, Bier und Gewürze darauf, verschifft zu werden. Fast alle wurden im Zweiten Weltkrieg zerstört, in drei rekonstruierten Speichern, dem Kernstück des Nationalen Maritimen Museums, wird das Thema Meer vertieft. Ungetüme Tauchanzüge, -apparate und -glocken veranschaulichen, in welch seltsamer Montur Menschen unter Wasser gingen, bevor die Sauerstoffflasche erfunden wurde.

Für ›Marinemalerei‹ hat man eine eigene Galerie eingerichtet. 80 Gemälde zeigen Schiffe auf hoher See, in Seenot und im Schlachtgetümmel, bei der Ausfahrt im Morgengrauen und bei nächtlicher Rückkehr. Auch Porträts altgedienter Kapitäne sind zu sehen, gesponsert von ihren Reedereien.

Frachter Sołdek

Spaß macht auch der Besuch auf einem realen Schiff. Seit 1989 liegt vor den Speichern die nach einem Werftarbeiter benannte **Sołdek** 3 vertäut, kein glamouröses, sondern ein praktisches Gefährt. Es war das erste in Danzig nach dem Krieg gebaute Schiff, transportierte Kohle und Erz und unterstrich die neue Rolle der Schwerindustrie. Sie können über Deck spazieren und unter Deck die Kajüten und die Kombüse besichtigen.

W WRACKS

1627 ist der polnische Kupferfrachter **Solen** bei einer Schlacht gegen Schweden untergegangen. 400 Jahre lag er im Schlick, bevor er gehoben wurde. Im Wrack fand man persönliche Gegenstände der Seeleute sowie Teile der Ladung, darunter Ritterrüstungen und Kanonen. 2005 wurde ein weiteres Schiff, die 50 Jahre zuvor gesunkene **Gustloff,** auf dem Boden der Ostsee entdeckt. Ein Doku-Film zeigt, wie der Kreuzer, der 5000 Flüchtlige mit sich in die Tiefe riss, von Tauchern erforscht wird. In der Novelle »Im Krebsgang« hat sich Günter Grass mit dem Geschehen beschäftigt.

Danziger Spirits – **Goldwasser & Co.**

#7

Das gibt's selten: Ein aus exotischen Gewürzen raffiniert durchkomponierter Likör, dem erst Flitter von 22karätigem Rauchgold die richtige Konsistenz und Couleur verleihen! Vor über 400 Jahren wurde er erstmals gebrannt und erwies sich sogleich als Bestseller: Das Goldwasser (früher auch Gulden-Wasser genannt) passte zu Danzigs goldener Zeit! Heute können Sie an mehreren Orten dem ›glitzernden Gesüff‹ nachspüren.

Gold trinken?

Manch ein Besucher mag gesundheitliche Bedenken haben, schwimmende Goldblättchen zu schlucken. Vielleicht sagt er sich auch »Schade um das schöne Gold« … Doch den reichen Bürgern der Kaufmannsstadt waren solche Bedenken fremd, die Geste der Verschwendung gehörte für sie zum Alltag. Dies war schon im ausgehenden 16. Jh. so, als Ambrosius Vermoellen nach Danzig kam: ein religiös verfolgter, aus Flandern geflüch-

Genießen Sie es! Flitter von 22karätigem Gold flattern durchs hochprozentige Getränk … wohl bekomms – na zdrowje!

Sie schmecken das Gold nicht? Macht nix, die Kräuter allein sind schon lecker!

teter Mennonit. Er hatte im Gepäck allerlei Rezepturen für Spirituosen dabei und begann 1598 mit der Herstellung von Likören, die bis heute aus der kulinarischen Landschaft der Dreistadt nicht wegzudenken sind. Er wählte kostbare Spezereien, wie es sie nur in einer Handelsstadt wie Danzig gab: Macis und Pomeranzenschalen, Kardamom, Koriander und Wacholderbeeren, dazu einen weichen Anisschnaps. Dem beigemixten Gold sprach er magische Wirkung zu – seine geheimen Kräfte, so rühmte er, übertrügen sich beim Trinken auf den Menschen.

Manufakturen undProbierstuben

Der Siegeszug des Goldwassers setzte freilich erst im 18. Jh. ein: In einem Haus, dessen Fassade ein Fisch ziert und das deshalb **Haus zum Lachs** ❶ (Pod Łososiem) heißt, begann Isaak Wedling, ein Nachfahre von Ambrosius, 1708 mit der Herstellung des Likörs. Heute ist das nach dem Krieg wiederaufgebaute Haus in der ul. Szeroka ein recht steifes, auf nobel getrimmtes Fischrestaurant, das mit opulentem Rokoko-Interieur und befrackten Kellnern in vergangene Zeiten zurückführt. Übrigens wird das Danziger Goldwasser hier nicht mehr hergestellt: Das Patent für seine Herstellung übernahm 1945 die Bren-

KULINARISCHES FÜR ZWISCHENDURCH

Haus zum Lachs ❶:
(Pod Łososiem) ul. Szeroka 52–54, T 58 301 76 52, www.podlososiem.com.pl, tgl. 12–22 Uhr, Hauptgerichte ab 15 €

Goldwasser Coffee Shop ❷:
ul. Długa 28/29, tgl. 8–20 Uhr, Hauptgerichte ab 6 €

Goldwasser Restaurant ❸:
ul. Długie Pobrzeże 22, T 58 301 88 78, www.goldwasser.pl, tgl. 10–23 Uhr, Hauptgerichte ab 8 €

Cityplan: Karte 2, D 5/6 | **SKM, Tram:** 2, 3, 6 Brama Wyżynna

Sehr gediegen im Alt-Danziger Stil – das Restaurant zum Lachs

nerei Hardenberg-Wilthen AG im deutschen Nörten-Hardenberg, von wo der Likör nach Danzig exportiert wird! Immerhin werden heute in der ul. Szeroka, der gleichen Straße also, nur ein paar Häuser weiter (Nr. 74–76), in der ›Goldwasser Manufaktura‹, von Hand geformte Pralinen mit Goldwasser gefüllt. Auch Schokoladen, Torten und Backwaren sowie Goldwasser-Desserts werden hier hergestellt – nur schade, dass man (vorerst?) die Manufaktura nicht besuchen kann …

Ein hervorragender Ort, um all die Leckereien zu probieren, ist der **Goldwasser Coffee Shop** ❷. Vom schmalen Café auf dem Langen Markt nehmen die meisten nur die Terrasse wahr. Doch gehen Sie hinauf in den ersten Stock, können Sie sich in einen kleinen, eleganten Salon zurückziehen und allen Trubel hinter sich lassen. Oder Sie gehen ins **Restaurant Goldwasser** ❸, nehmen auf der Uferterrasse Platz und lassen die Schiffe an sich vorbeiziehen. Hier schmecken Fisch wie Fleisch, die am besten mit einem Gläschen Goldwasser abgerundet werden. In beiden Lokalitäten gibt's außer dem namensgebenden Saft weitere Danziger Traditionsliköre, z. B. den Kurfürstenschnaps oder Machandel, einen mit getrockneten Pflaumen angereicherten Wacholderschnaps, der im Geschmack weich ist, aber für einen kräftigen Kick sorgt. Auf seine Heilwirkung weist das rote, maltesterähnliche Kreuz auf der tonnenförmigen Flasche hin. Fügt man Wacholder und Kirschen zusammen, erhält man Krambambuli. Der schräge Name setzt sich aus Krandewitt (für Wacholder) und Blamp (für Alkohol) zusammen.

G
GOLDIG

Eine weniger bekannte Theorie sagt dem **Goldwasser** einen profanen Ursprung zu: In Danzig gab es viele Kunsthandwerker, die auf Bilderrahmen Schichten von Blattgold auftrugen. Dies taten sie, indem sie den Pinsel in Alkohol tunkten, um mit ihm die dünne Goldfolie aufzunehmen und aufs Holz zu drücken. Beim neuerlichen Eintauchen in Alkohol blieb es nicht aus, dass winzige, im Pinsel versteckte Goldpartikel ausgespült wurden. Da es doch schade gewesen wäre, das glitzernde Gebräu wegzukippen, wurden dem Goldwasser würzige Kräuter zugesetzt und der Alkohol auf trinkbare 40 % verdünnt – schon stand der Likör zum Anstoßen bereit!

#8

Perlen im Schatten der Rechtstadt – **die Danziger Altstadt**

Es ist verwirrend: Neben der Rechtstadt, das heißt: der rechten, richtigen Stadt, gibt es in Danzig die noch ältere Altstadt. Sie hat nicht nur ihr eigenes Rathaus, in dem heute ein Kulturzentrum die Trommel für Gegenwartskunst rührt, sondern auch fantastische Kirchen.

Vor der Großen Mühle hält Hevelius Wache – mit selbst gebauten Instrumenten erforschte der Danziger Bierbrauer das Universum.

Nördlich des breiten Altstädtischen Grabens (Podwale Staromiejskie) beginnt die Altstadt, in der vorwiegend die ›kleinen Leute‹ lebten, Handwerker, Fischer und Tagelöhner. Stets stand sie im Schatten der Rechtstadt, ihre Häuser waren zumeist aus solidem, aber schmucklosem Backstein gebaut. Nach dem Zweiten Weltkrieg entstanden mehrheitlich funktionale Wohnhäuser, rekons-

truiert wurden nur ausgewählte Vorzeigeobjekte. Diese befanden sich in der sogenannten Pfefferstadt (ul. Korzenna), wo die reichen ›Pfeffersäcke‹ wohnten und sich auch das Altstädtische Rathaus befindet. Zusammen mit den Kirchen und Mühlen am Radaune-Kanal (Kanał Raduni) bildet es ein malerisches Ensemble.

Rund ums Altstädtische Rathaus

Das **Altstädtische Rathaus** 1 hat sich zu einem beliebten Treffpunkt von Künstlern und Theaterleuten entwickelt. Der Rahmen des Baltischen Kulturzentrums könnte kaum schöner sein: Der von Antonius van Opbergen entworfene, zweistöckige Backsteinbau ist in niederländischem Renaissancestil ausgeführt, von einer Attika sowie schlanken Ecktürmen gekrönt. Natürlich findet sich auch hier das Wappen-Trio von Danzig, Königlich-Preußen und Polen, diesmal auf dem Fries zwischen den Etagen. In der Diele ist ein Café untergebracht; eine Tafel erinnert an Johannes Hevelius (1611–87). In den Kellergewölben lagerte er sein berühmtes Jopenbier, mit dessen Verkauf er sein kostspieliges Hobby, die Astronomie, finanzierte. Mit dem damals längsten Teleskop der Welt entdeckte er neun Kometen und sieben Sternkonstellationen. Auch fertigte er die erste präzise Karte des Mondes an, auf die selbst der Papst reagierte. »Das Werk«, notierte er, »wäre unvergleichlich zu nennen, wenn es nicht ein Ketzer geschrieben hätte.« Über eine knarrende Eichentreppe gelangt man ins Obergeschoss, in dessen Festsaal die weißblauen Delfter Kacheln noch aus Hevelius' Zeit stammen. Auf der Grünfläche vor dem Rathaus erinnert ein großes Denkmal an Johannes Hevelius alias Jan Heweliusz – mit einem Messinstrument in der Hand blickt er auf eine mit Sternenbildern bemalte Hauswand (s. auch Centrum Hewelianum ▸ S. 78).

Ein Blick lohnt auch hinter das Rathaus, wo sich am Radaune-Kanal eines der besterhaltenen Bürgerhäuser Danzigs versteckt, das **Haus der Äbte von Pelplin** 2. Anfang des 17. Jh. nach einem Entwurf von Abraham van den Blocke erbaut, gehörte es 140 Jahre den Zisterziensern. Besonders schön ist die Seitenfassade, deren Portal mit Masken von Geistern und Engeln geschmückt ist.

Lassen Sie sich nicht vom Namen in die Irre führen. Das Altstädtische Rathaus ist tatsächlich jünger als das in der Rechtstadt. Und dazu hat es heute nicht einmal mehr die Funktion eines Rathauses. Stattdessen ist es zu einem kulturellen Treffpunkt für Intelektuelle und Künstler geworden.

Mühlen der Ordensritter

Die um 1350 vom Deutschen Orden errichtete **Große Mühle** 3 (Wielki Młyn) gehörte einst zu den größten Europas. Sie besaß 18 Mühlräder von je fünf Metern Durchmesser, die vom Wasser der Radaune (und mit Hilfe von Sklaven) bewegt wurden. Unter dem gewaltigen Satteldach befanden sich sechs Lageretagen, auch Brot wurde hier gebacken. Heute beeindruckt der vollkommen entkernte Innenraum, der ein kleines Einkaufszentrum beherbergt. Unter Plexiglas kann man die Fundamente der Mühle sehen. Ein paar Schritte weiter, am gegenüberliegenden

INFOS/ÖFFNUNGSZEITEN

Altstädtisches Rathaus/Baltisches Kulturzentrum 1: (Ratusz Staromiejski), ul. Korzenna 33/35, www.nck.org.pl, tgl. 10–18 Uhr
Große Mühle 3: (Wielki Młyn), ul. Wielkie Młyny 16, Mo–Fr 10–20, Sa 10–13 Uhr
Katharinenkirche 5: (Kościół św. Katarzyny) ul. Wielkie Młyny, tgl. 10–18 Uhr, Eintritt frei; Uhrenmuseum, tgl. 11–18, Do bis 15 Uhr, 2,50 €
Brigittenkirche 6: (Kościół św. Brygidy) ul. Profesorska 17, www.brygida.gdansk.pl, tgl. 10–17 Uhr

KULINARISCHES FÜR ZWISCHENDURCH

Piroggen mit Sauerkraut und Pilzen, Enten- oder Hühnchenbrust, Käsekuchen mit Honig und Zimt: Im informellen Bistro-Ambiente essen Sie im **Swojski Smak** 1 (ul. Heweliusza 25/27, T 58 320 19 12, http://swojskismak.pl, tgl. ab 11 Uhr). Sie werden freundlich bedient und können auch draußen essen, das Mittagsmenü kostet nur 5 €. Sind Sie am späten Nachmittag unterwegs, können Sie im **Irish Pub,** im Keller des **Altstädtischen Rathauses** 1, das nach Hevelius benannte Johannes-Bier probieren (ul. Korzenna 33/35, T 58 320 24 74, www.irish.pl, Di–Sa ab 17 Uhr).

Cityplan: Karte 2, B/C 4 | **SKM, Tram:** 2, 3, 6, Brama Wyżynna

Im Turm der Katharinenkirche befindet sich ein Uhrenmuseum, das Zeitmesser aus den letzten 600 Jahren zeigt.

Ufer des Kanals, steht im Grün die **Kleine Mühle** 4 (Mały Młyn). Klein freilich war sie mitnichten: Mit fünf Mühlrädern zählte sie zu den größten des Kontinents. Wunderschön ist von hier die Aussicht – über Trauerweiden hinweg – auf die benachbarten Kirchen.

Kult-Kirchen

Mit ihrem filigranen Glockenturm ist die **Katharinenkirche** 5 Blickfang der Altstadt. 1185 wurde sie vom Herzog der Pommerellen gestiftet und ist – neben der Nikolaikirche – das älteste Gotteshaus der Stadt. Im Zweiten Weltkrieg gingen viele ihrer Schätze verloren. 2006, als die Kirche in Flammen aufging, büßte sie weitere ein. So erlebt, wer sie betritt, ein Gebäude in morbider Pracht: hohe Schiffe aus Backstein, darüber Sterngewölbe, dunkle Gemälde ehrwürdiger Patrizier und beschädigtes Dachgestühl. Doch da die polnischen Restaurateure höchst effizient arbeiten, ist anzunehmen, dass die Kirche bald in perfekter Kopie aufersteht … Viele Berühmtheiten wurden in der Kirche beigesetzt, darunter auch Johannes Hevelius. Sein schwarzmarmornes Epitaph mit der Aufschrift »Johann Hewelcke« finden Sie links vom Hochaltar. Über dem Altar hängt Anton Möllers »Kreuzigung« (1609), die der Künstler vor dem Panorama Danzigs angesiedelt hat. Aus seiner Hand stammt auch das Gemälde »Das Letzte Abendmahl«. Rechts vom Hochaltar lohnt der Abstieg in die 1986 entdeckte Krypta: ein düsterer Raum mit Schädeln und Knochen aus dem 11. Jh. Beim abschließenden Aufstieg auf den 76 m hohen Turm (Eingang außen rechts vom Hauptportal) kommen Sie am Carillon vorbei: Seine im Krieg für Rüstungszwe-

Revier der Franziskaner – die Katharinenkirche

cke eingeschmolzenen Glocken wurden zum 50. Jahrestag des Kriegsausbruchs mit Hilfe des ehemaligen Danzigers Hans Eggebrecht rekonstruiert. Heute ertönt hier zu jeder vollen Stunde ein Glockenspiel. Außerdem gibt es hier ein kleines Uhrenmuseum, das sich dem Verrinnen der Zeit widmet.

Im Schatten der Katharinenkirche steht die **Brigittenkirche** 6. Benannt ist sie nach einer reichen Schwedin, die im 14. Jh. den Brigitten-Orden gründete und dafür heiliggesprochen wurde. Auf einer Reise verstorben, wurde ihr Leichnam bei der Rückführung just hier in einer Kapelle aufgebahrt. Aufgewertet durch die Heilige, wurde die Kapelle ab 1387 zu einer Kirche ausgebaut. Unter den Tausenden Gotteshäusern Polens ist sie vielleicht die bekannteste – nicht weil sie besonders schön wäre, sondern weil zur Pfarrei die berühmte Danziger Werft gehört, Wiege der 1980 gegründeten Gewerkschaft Solidarność. In sozialistischer Zeit wurde in der Kirche passiver Widerstand gepredigt; Zehntausende versammelten sich vor ihren Toren, um politisch aufgeladenen Predigten zu lauschen. Heute ist das gotische Innere von zeitgenössischen Märtyrersymbolen überlagert, die westlichen Augen vielleicht allzu pathetisch erscheinen: Im Schummerlicht, gleich unter der Figur des Erlösers, liegt auf dem Boden eine in Stein gemeißelte zusammengekauerte Gestalt, umgeben von frischen Blumen und brennenden Kerzen. Sie zeigt den 1984 von Angehörigen des Geheimdienstes ermordeten Pater Jerzy Popiełuszko und ist bis heute ein bedeutender Pilgerort. Zu Ehren von Popiełuszko entsteht ein monumentaler Bernsteinaltar von 11 m Länge und 12 m Breite. Bereits fertiggestellt ist Maria sowie eine aus 6500 kg Bernstein geschliffene, 174 cm hohe Monstranz in Form eines Lebensbaums. Außerdem gibt es eine Tafel für die vom sowjetischen Geheimdienst ermordeten polnischen Offiziere (»Katyń 1940 – den Opfern des Martyriums«) sowie eine Replik der Schwarzen Madonna aus Tschenstochau, die von frommen Seelen als »Königin von Polen« verehrt wird. Ein Denkmal für den polnischen Papst darf selbstverständlich nicht fehlen: tatkräftig hat er am Sturz des Sozialismus mitgewirkt, 2014 wurde er heiliggesprochen.

G
GLOCKENSPIEL

Es gibt wohl keinen ungewöhnlicheren Ort, um Beethovens »Freude, schöner Götterfunken« zu hören. Jeden Tag um 13 Uhr spielen die 49 Glocken der **Katharinenkirche** diese Melodie. Wenn Sie den Turm ersteigen, können Sie den Spielmechanismus aus nächster Nähe betrachten und sich – im wahrsten Sinn des Wortes – vom Klang ausfüllen lassen. Einziger Nachteil: Danach sind Sie etwas taub! Manchmal werden auf dem Glockenspiel Konzerte gegeben, der Steuermechanismus wird dann von berühmten Organisten bedient.

Danzig im Weltkrieg – **von der Polnischen Post zur Westerplatte**

#9

Das monumentale Museum des Zweiten Weltkriegs ist nach den Worten des in Polen geborenen Stararchitekten Daniel Libeskind »eine Ikone nicht nur für Danzig, sondern für das Gedächtnis in ganz Europa«. Nur ein paar Schritte entfernt befindet sich die Polnische Post, in der am 1. September 1939 ein paar Angestellte der deutschen Übermacht trotzten. Mit dem Schiff geht es zur Westerplatte, wo die ›Schleswig-Holstein‹ die polnische Kaserne beschoss und damit den Zweiten Weltkrieg auslöste.

»Ab 5.45 Uhr wird zurückgeschossen«, hieß es am 1. September 1939 im deutschen Rundfunk. Der Angriff war als Vergeltungsschlag getarnt: Die Schüsse auf die Danziger Westerplatte und die Polnische Post waren das Startsignal für die Wehrmacht, entlang der gesamten deutsch-pol-

Sie haben die Wahl: Zur Westerplatte geht's entweder mit der Wasserstraßenbahn, einem Kutter oder dem Piraten-Windjammer!

nischen Grenze einzumarschieren. Doch warum waren ausgerechnet eine Post und eine Halbinsel in der Danziger Bucht die ersten Angriffsziele? Zur Erinnerung: Die Freie Stadt Danzig war ab 1920 ein Stadtstaat, den der Völkerbund – Vorläufer der heutigen UNO – nach dem Ersten Weltkrieg geschaffen hatte. Die meisten Bewohner waren Deutsche; die Polen erhielten Minderheitenrechte, u. a. ein eigenes Post- und Zollwesen und eine Verteidigungsstellung auf der strategischen Westerplatte. Durch den Polnischen Korridor, einen schmalen Landstreifen westlich der Stadt, war die Freie Stadt Danzig vom Deutschen Reich abgeschnitten – eine Tatsache, die viele Deutsche als unerträglich empfanden. Immer wieder versuchte die deutsche Regierung auf diplomatischem Weg, Danzig »heimzuholen ins Reich« – doch ohne Erfolg. Am 1. September 1939 schritt Hitler zur Tat, um – wie es damals hieß – die Polen ein für alle Mal aus der »deutschen Stadt« zu verdrängen.

Das Riesenschwert, in den Boden der Westerplatte gerammt, soll den Widerstand der Polen im Zweiten Weltkrieg symbolisieren. Das Schwert ist einer der Kultorte Danzigs – sogar Brautleute lassen sich hierher schippern, um sich ablichten zu lassen.

Museum des Zweiten Weltkriegs 1

Schon von weitem ist sein in den Himmel ragender monumentaler Backsteinkeil zu sehen, der in Farbe und Form an Danzigs Kirchen und Kräne anknüpft. Er umspannt mehrere Glasgalerien, die sich optisch zur historischen Stadt öffnen. Im Museum wird der Zweite Weltkrieg so aufbereitet, dass er für zukünftige Generationen ›nacherlebbar‹ wird. So werden in effektvoll inszenierten Räumen Originaldokumente aus jener Zeit vorgeführt, darunter Archivbilder, - filme und -töne. In der Ausstellung **›Vorkrieg‹** wird der Aufschwung des Faschismus von Deutschland über Spanien bis Japan geschildert. Es folgen die Revision des Versailler Vertrags durch die deutsche Regierung und der Einmarsch der Wehrmacht in Polen und halb Europa. In der Ausstellung **›Grauen des Kriegs‹** wird der Alltag der Menschen beschrieben: Die Verfolgung und Ermordung der europäischen Juden, die Erschießung polnischer Offiziere in Katyń, der Hungertod von mehr als 3 Mio. russischen Kriegsgefangenen, Zwangsarbeit, Vertreibung und ›ethnische Säuberungen‹. Der Widerstand gegen die Besatzungsmächte wird in allen Facetten vorgestellt, von Sabotage über Partisanenkrieg und Aufstände bis zu zivi-

INFOS/ÖFFNUNGSZEITEN

Museum des Zweiten Weltkriegs 1: (Muzeum II Wojny Światowej), ul. Wałowa s/n, www.muzeum1939.pl, die Eröffnung ist für Januar 2017 geplant
Polnische Post 2: (Muzeum Poczty Polskiej) ul. Obrońcow Poczty Polskiej 1/2, www.mhmg.pl, 16. Juni–15. Sept. Mo 9–13, Di/Mi 9–16, Do 11–19, Fr/Sa 10–18, So 10–16, 16. Sept.–15. Juni Di–Fr 10–16, So 11–16 Uhr, 2,50 €
Festung Weichselmünde 3: (Twierdza Wisłoujście), ul. Stara Twierdza 1, www.mhmg.pl, Juni–Sept. tgl. 9–18 Uhr, 3 €
Westerplatte 4: Wachhaus Nr. 1 (Wartownia Nr. 1), ul. Sucharskiego 1, www.mhmg.pl, Juni–Sept. tgl. 9–18, Okt.–Mai 9–16 Uhr, 1 €
Leuchtturm Nowy Port: (Latarnia Morska Nowy Port), www.latarnia.gda.pl, Mai–Aug. tgl. 10–19, Sept. Sa/So 10–17 Uhr, 2,50 €

Anfahrt: Von der Anlegestelle am Grünen Tor (Przystań przy Zielonej Bramie) fahren Wasserstraßenbahnen (www.ztm.gda.pl) und Piratenschiffe (Galeon Piracki, http://galeony.pl) von Mai bis Sept. mehrmals tgl. in 30 Min. zur Westerplatte, zum Leuchtturm nur Juli–Aug.; Tickets erhält man am Kai bzw. an Bord; nach jedem Zwischenstopp muss ein neues Ticket gelöst werden.
Auch mit Bus 106, 138 und 606 erreicht man die Westerplatte, mit Tram 10 den Leuchtturm (jeweils ab Hauptbahnhof).

KULINARISCHES FÜR ZWISCHENDURCH

Auf der Westerplatte kann man sich an der Anlegestelle in der **Bar Przystań** 1 (ab 2 €) stärken.

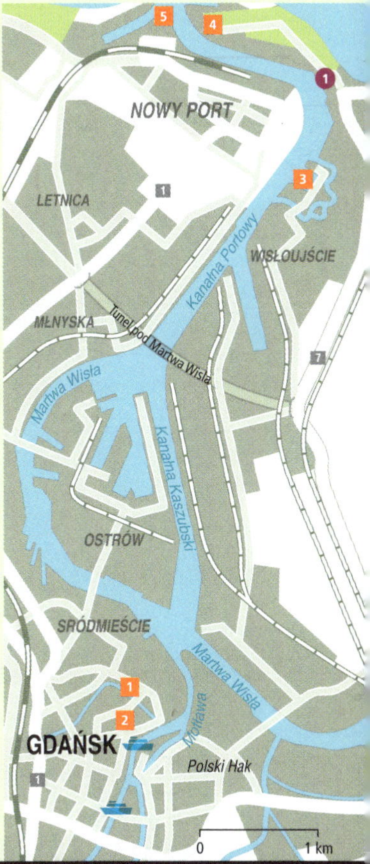

Cityplan: D/E 3/4 und Karte 4, B 2/3 | **SKM, Tram:** 2, 3, 6, Dworzec Gł.

lem Widerstand. Die dritte Abteilung **›Die langen Schatten des Krieges‹** widmet sich der Politik hinter den Kulissen, der Diplomatie und den Folgen für die zweite Hälfte des 20. Jh.: Grenzverschiebungen und die Teilung der Welt in zwei ideologisch verfeindete Blöcke, jüdische Emigration und polnisches Exil, Kriegsverbrecherprozesse und Nazi-Jagd. Ob freilich das Museum wie geplant

Z ZEUGEN

Bei Recherchen zum Roman **»Die Blechtrommel«** war Grass mitgeteilt worden, Zeugen des Kampfes um die Polnische Post gäbe es nicht mehr. Alle seien erschossen worden, ihre Namen habe man in die steinerne Gedenkplatte gehauen. Zu seinem Erstaunen fand der Autor aber doch zwei Überlebende, die inkognito auf der Werft arbeiteten. »Doch die Söhne wollten ihre Väter heldisch sehen«, so Grass, »und betrieben (erfolglos) deren Anerkennung: als Widerstandskämpfer«. Von ihnen, so Grass, habe er detaillierte Beschreibungen des Kampfes erhalten, die er »nie hätte erfinden können.«

Anfang 2017 eröffnet werden kann, ist derzeit noch ungewiss – der polnischen Regierung ist das über Jahre ausgearbeitete Konzept nicht nationalistisch genug…

Polnische Post

Vom Museum sind es nur 200 m zur **Polnischen Post** 2, wo SS-Heimwehr und deutsche Polizei ca. 50 polnische Postangestellte angriffen. Diese waren bewaffnet und leisteten 14 Stunden Widerstand, weil sie auf Verstärkung seitens der polnischen Armee aus dem nahen Gdynia hofften. Diese war zu dem Zeitpunkt freilich längst selbst unter Beschuss. Erst als die Angreifer Benzin in den Keller pumpten und es anzündeten, ergaben sich die Polen. Einige waren im Kampf gestorben, andere erlagen später ihren Verletzungen; die Mehrheit wurde vor ein Kriegsgericht gestellt, auf dem Friedhof Saspe erschossen und dort verscharrt.

Die Post arbeitet noch heute als solche, verfügt außerdem über ein Museum und dokumentiert die Vorgänge vom 01.09.1939. Ein monumentales, aus Stahlplatten montiertes **Denkmal** zeigt einen Mann, der zusammengekrümmt über einem Haufen Briefen kauert und der über ihm schwebenden Siegesgöttin ein Gewehr reicht. Origineller ist eine **Installation** im Hinterhof. Die Kapitulationsformel »Hände hoch!« hat der Künstler wörtlich genommen und zeigt tönerne Handabdrücke, die in unterschiedlicher Höhe angeordnet sind.

Mit dem Schiff zur Westerplatte

Von der Rechtstadt schippert das Boot flussabwärts dem Meer entgegen, vorbei an den Kränen der Werft. An der Halbinsel **Polski Hak** (Polnischer Haken) mündet die Mottlau in die Tote, d. h. durch Schleusen stillgelegte Weichsel. Hier erst beginnen Danzigs Hafenanlagen, die sich über mehrere Kilometer längs des Flusses erstrecken. Vorbei an der 500 Jahre alten **Festung Weichselmünde** 3 (Twierdza Wisłoujście) tuckert das Schiff zur **Westerplatte** 4. Eine polnische Bezeichnung für sie gibt es nicht: Wegen ihrer historischen Bedeutung hat die Halbinsel – ähnlich wie Auschwitz – den deutschen Namen im Polnischen behalten. An der Schiffsanlegestelle am Kai halten Sie sich links und laufen (auch Elektro-Wagen stehen bereit) längs der Straße zum **Wachhaus Nr. 1** (Wartownia Nr. 1), in dem am 1. September 1939 die auf der Westerplatte stationierten 182 Polen 4000 anstürmenden deutschen Soldaten sechs Tage lang Widerstand leisteten. Von ihrem aussichtslosen Kampf handelt die Open-Air-Ausstellung **›Festung‹**. Das gewaltige **Denkmal der Verteidiger der Westerplatte** (Pomnik Obrońców Westerplatte, 1966) auf dem äußersten Zipfel der Landzunge besteht aus 224 Granitplatten, die an einen in den Boden gerammten Schwertgriff erinnern. Auf den zum Denkmal führenden Treppen werden bis heute Blumenkränze abgelegt.

Denkmal der Verteidiger der Westerplatte

... und weiter zum Leuchtturm

Im Sommer können Sie sich von der Westerplatte zum **Leuchtturm** 5 am gegenüberliegenden Mottlau-Ufer schippern lassen. Großartig ist der Blick von seiner Plattform in 28 m Höhe: Er reicht über die Danziger Bucht bis zur Halbinsel Hel und über Danzigs Kanalgewirr bis zum Oval der bernsteingelben PGE-Arena. Nach dem Vorbild eines US-Leuchtturms 1893 erbaut, wies er Schiffen nachts die Einfahrt in die Stadt. Er ging in die Geschichte ein, weil von hier – ebenso wie von der Schleswig-Holstein – am 1. September 1939 das polnische Militärdepot auf der gegenüberliegenden Westerplatte beschossen wurde, Startsignal zum Zweiten Weltkrieg.

Abenteuerspielplatz Panzer – die Polen haben ein positives Verhältnis zu ihrem Militär.

10

Lehrstunde Geschichte – **Europäisches Zentrum der Solidarität**

Am historischen Ort von Massenstreiks, auf der ehemaligen Lenin-Werft, erzählt das Zentrum der Solidarität von der Revolte der Arbeiter gegen den Sozialismus. Im modernen Bau am Eingang zu Danzigs Werftgelände wird die Zeit des Umbruchs – mit historischem Film- und Fotomaterial, Alltagsinstallationen und Toncollagen. Anschließend spaziert man über das Werftgelände, das sich eines Tages in eine Hansa-City verwandeln soll.

Am Eingang zur Werft

Unübersehbar erhebt sich das **Denkmal der gefallenen Werftarbeiter** 1 (Pomnik Poległych Stoczniówców). Drei 42 m hohe, in Stahl gegossene Kreuze erinnern an die über 45 Menschen, die bei Streiks im Dezember 1970 erschossen wurden. Neben dem Denkmal öffnet sich das Tor, dessen Bild zehn Jahre später um die Welt ging: hinter

Das historische Eingangstor zur Werft (poln. stocznia): Hier spielten sich beim großen Streik 1980 dramatische Szenen ab.

INFOS/ÖFFNUNGSZEITEN

Europäisches Zentrum der Solidarität 2: (Europejskie Centrum Solidarności), Plac Solidarności 1, www.ecs.gda.pl, Mai–Sept. 10–20, Okt.–April 10–18 Uhr, 4,25 €, Audio-Guide zusätzlich 1,25 €, mit Buchladen
Kunstinstitut Wyspa 3: (Instytut Sztuki Wyspa), ul. Doki 1, T 58 718 44 46, www.wyspa.art.pl, Mo–Fr 11–18 Uhr, Eintritt frei

KULINARISCHES FÜR ZWISCHENDURCH

Im Erdgeschoss bekommen Sie pommersch-kaschubische Küche in elegantem Bistro-Ambiente. Im ersten Stock befindet sich ein Café (Öffnungszeiten wie das Zentrum der Solidarität 2).

Cityplan: B/C 2 | **Tram:** 1, 7, 8, 10, Plac Solidarności

Gittern verbarrikadierte Werftarbeiter, der Anführer des Streiks, Lech Wałęsa, mit der Madonna am Jackenrevers. Die nach den Streiks gegründete Gewerkschaft Solidarność gewann binnen weniger Monate 10 Mio. Mitglieder und setzte nach Verhängung des Kriegsrechts (Dez. 1981 bis Juli 1983) ihre Arbeit im Untergrund fort. Als sie wieder zugelassen wurde, spielte sie eine entscheidende Rolle bei der gesellschaftlichen Umwälzung Polens. Mit der Einführung des Kapitalismus unterlag die Werft der Billigkonkurrenz aus Asien, mit ihrer weitgehenden Stilllegung verloren Tausende Arbeiter ihren Job.

Europäisches Zentrum der Solidarität

Nun soll auf dem 73 ha großen Gelände der Werft eine ›Junge Stadt‹ entstehen. Fertiggestellt ist das **Europäische Zentrum der Solidarität** 2. In dem rostroten, an einen Schiffsrumpf erinnernden Riesenbau wird der Untergang der Sozialistischen Volksrepublik vorgestellt, von der ›Geburt der Solidarität‹ über den ›Alltag in Volkspolen‹ und den ›Kriegszustand‹ bis zum ›Polnischen Papst‹, der erfolgreich gegen das ›gottlose Reich‹ agitierte. Anhand von Filmausschnitten, Flugblättern und Installationen wird die Atmosphäre der Jahre

Jaruzelski verhängt das Kriegsrecht – die Video-Installation zeigt die Fernsehbilder in Endlosschleife.

1980–1990 lebendig. Immer wieder überrascht die Inszenierung, so werden Doku-Filme auf Schutzhelme oder auf Kantinentische projiziert. Nicht fehlen darf das Holzbrett, auf das die Arbeiter in Krakelschrift jene Fordungen pinselten, die zur Gründung der ersten freien Gewerkschaft Polens führten – heute sind sie ein UNESCO-Weltkulturerbe. Sie betreten die originalgetreue Replik jenes Raums im Präsidentenpalast, in dem 1989 die entscheidenden Gespräche zwischen Regierung und Opposition stattfanden – hinter dem Runden Tisch grüßt ein raumhoher Mazowiecki, Polens späterer Premier. Dann fahren Sie im Panoramalift zur Aussichtsplattform in 30 m Höhe und überschauen den Originalschauplatz.

UM DIE ECKE

Die brachliegenden Werftflächen sollen nach dem Vorbild der Londoner Docklands in schicke Stadtquartiere verwandelt werden. Dazu passt es, dass im Vorfeld dieser Entwicklung die Ex-Werft die Aura von Schweiß, Stahl und Streik abstreift und von einem Arbeiter- zu einem Kulturort avanciert. Die Fabrikhallen wurden Künstlern zur Verfügung gestellt, die dort Ateliers, Werk- und Proberäume einrichteten. Unter dem Namen **Wyspa** 3 (= Insel) sind die Initiativen vereint.

W
WAŁĘSA

1943 in eine kinderreiche Bauernfamilie geboren, deutete nichts auf eine große Karriere: **Lech Wałęsa** schlug sich als Gelegenheitsarbeiter durch und heuerte 1967 als Elektromonteur auf der Danziger Lenin-Werft an. Seine Stunde kam 1980, als er sich bei Massenstreiks als Arbeiterführer profilierte. Mit dem Friedensnobelpreis 1983 geadelt, wurde er 1990 der erste demokratisch gewählte Präsident Polens. Freilich währte die Euphorie über den Sieg nicht lang. Seine einstigen Mitstreiter hatten sich den Umbau der Gesellschaft anders vorgestellt, sahen ihre Ideale und Träume bald verraten. Bei den Wahlen 1995 wurde Wałęsa vom Reformkommunisten Kwaśniewski besiegt, im Jahr 2000 erhielt er gegen ihn nicht mal mehr ein Prozent der Stimmen. Als er sich 2016 gegen die Abschaffung demokratischer Errungenschaften stellte, verbesserte sich sein Image.

Schätze in der Alten Vorstadt – **das Nationalmuseum**

\# 11

Das ehemalige Franziskanerkloster mit seinen Kreuzgängen, Festsälen und Kapellen gibt einen schönen Rahmen ab für Kunst und Kunsthandwerk. Reiche Sponsoren und Mäzene haben sie in 1000 Jahren zusammengetragen: Meisterwerke flämischer und niederländischer, englischer und deutscher Maler, allen voran Hans Memlings Gemälde »Das Jüngste Gericht«. Aus Danzigs und Pommerns Werkstätten kommen Gold- und Silberschmiedearbeiten sowie Mobiliar der Marke ›Schöner Wohnen‹ anno dazumal.

Aus Danzigs Kirchen

Im Erdgeschoss des **Nationalmuseums** 1 werden Sie von einer geschnitzten Minerva begrüßt, die übrigen Kunstwerke schmückten einst Danziger Kirchen. Auf dem Dreifaltigkeitsaltar von 1483 sehen Sie eine realistische Kreuzigungsszene, flankiert von Heiligen und Vertretern der Danziger Familie Ferber. Nicht weniger eindrucksvoll

Praktisch: Im Nationalmuseum liegen Lupen aus, mit denen Sie sich in die Details der Bilder vertiefen können.

B
BENEKE

Ein Kapitän fand ein ausgesetztes Kind, nannte es **Paul Beneke** und nahm es mit auf sein Schiff. Bald wurde aus dem Findelkind ein so ›harter Seevogel‹, dass ihm 1462 der Danziger Stadtrat ein beschlagnahmtes, französisches Freibeuterschiff übergab. Mit diesem sollte er auf den Meeren dem damaligen Kriegsfeind England so viel Schaden wie möglich zufügen. Wo immer Paul Beneke auftauchte, kaperte er Schiffe samt Besatzung, verbreitete Furcht und Schrecken – und erbeutete »Das Jüngste Gericht«. 1480 fiel er aus ungeklärten Gründen beim Danziger Stadtrat in Ungnade und wurde im Hof des Stockturms öffentlich ersäuft.

ist der Reinhold-Altar, geschaffen anno 1516 von Joos van Cleve, einem berühmten Antwerpener Künstler. Auch hier laden die geschnitzten, figurenreichen und vergoldeten Szenen ein, Marias Leben zu ›lesen‹. Wenden Sie sich von der Hauptdiele nach links, kommen Sie in den Säulensaal, dessen Bogengewölbe auf einem einzigen Pfeiler ruht. Hier ist Polens größte Keramik-Sammlung zu sehen: China- und Meißener Porzellan, Delfter Fayencen und Kacheln aus Danzig, Geschirr aus der Kaiserlichen Manufaktur in Cadinen (Kadyny) und Porzellanfiguren nach Entwürfen von Ernst Barlach.

»Das Jüngste Gericht« – Beutekunst eines Piraten

Die meisten Besucher steuern schnurstracks den Memling-Raum im Obergeschoss an, wo hinter Panzerglas Danzigs berühmtestes Gemälde hängt. 1472 malte es Hans Memling in Brügge und gab ihm den Titel »Das Jüngste Gericht«. Drastisch wird das Leben nach dem Tod vor Augen geführt. Nackt treten die Menschen vor den Herrn, werden erst geschätzt, dann selektiert: Die Guten kommen in den Himmel, die Verdammten in ewige Finsternis. Beeindruckend ist die Detailgenauigkeit der Darstellung – von der Verzückung bis zur Verzweiflung sind viele menschliche Regungen eingefangen. Die goldschimmernde Rüstung des Erzengels Michael spiegelt die Welt außerhalb des Bildes – so wird die Illusion von

»Das Jüngste Gericht«: Das Detail der rechten Bildhälfte zeigt, wie Sünder in die ewige Verdammnis gestoßen werden.

INFOS/ÖFFNUNGSZEITEN

Nationalmuseum 1: (Muzeum Narodowe, Oddział Sztuki Dawnej), ul. Toruńska 1, http://mng.gda.pl/oddzialy, Mai und Sept. Di–So 10–17, Juni–Aug. Do 12–19, Okt.–April Di–Fr 9–16, Sa/So 10–17 Uhr, 2,50 €, letzter Einlass 45 Min. vor Schließung

KULINARISCHES FÜR ZWISCHENDURCH

Haben Sie Lust auf Pfannekuchen in den unterschiedlichsten Varianten? Dann schauen Sie auf dem Rückweg in die Rechtstadt bei **Naleśnikowo** vorbei: (Karte 2, B 6) ul. Ogarna 125, www.nalesnikowo.com.pl, 10–21 Uhr, ab 3 €

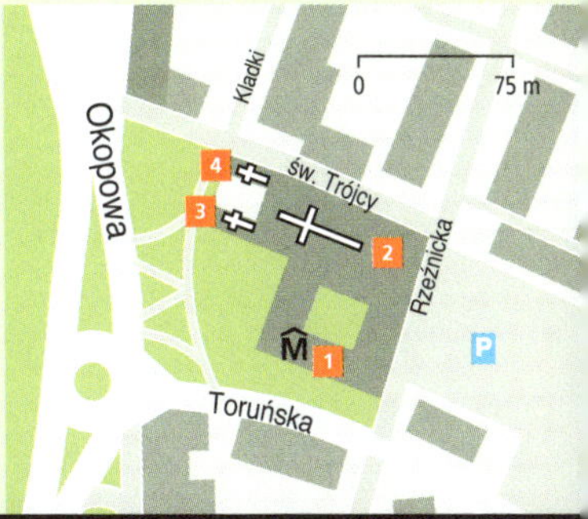

Cityplan: B 7 | **Tram:** 3, 8, 9, Okopowa

Raum erzeugt. Und auch die Außenseiten der Flügel lohnen einen Blick: Zu Füßen Marias und des hl. Michael sind die knieenden Stifter abgebildet, Angelo di Jacopo Tani und seine junge Frau Catarina Tanagli. Signore Tani, ein Florentiner Bankier, der die Interessen der mächtigen Handelsfamilie Medici vertrat, ließ das Triptychon 1473 Richtung Florenz einschiffen. Doch kaum hatte das Schiff den Hafen von Sluis verlassen, wurde es vom Danziger Piraten Paul Beneke gekapert, der es ›seiner‹ Marienkirche vermachte. Die Florentiner drohten, selbst der Papst schaltete sich ein – vergeblich. Erst Napoleon gelang es 1807, Danzig das Stück vorübergehend abzunehmen. Doch damit war seine Irrfahrt nicht zu Ende: Im Zweiten Weltkrieg fiel es in die Hand der Sowjets und war in Leningrad ausgestellt, bevor es 1956 nach Danzig zurückkam.

Europäische Meister

Im Schatten von Memling, aber kaum weniger interessant, hängen weitere Werke flämischer Meister, z. B. von Pieter de Hooch, Frans Floris und Pourbous. Kurios ist ein von Pieter Breughel d. J. bemalter Teller mit dem Titel »Der Dicke und der Dünne« – »Dick und Doof« lassen grüßen! In Wechselausstellungen werden auch deutsche Maler früherer Jahrhunderte gezeigt, z. B. Daniel Chodowiecki. Dem 1801 in Danzig geborenen Künstler standen Bürger der Stadt

Modell. Sie sind so einfühlsam gestaltet, dass man meint, sie stünden leibhaftig vor einem. Anton Möller, dessen Bild »Der Zinsgroschen« im Rechtstädtischen Rathaus hängt, ist im Nationalmuseum mit weiteren Werken vertreten. Sein »Patrizierporträt« von 1598 dürfte Besuchern des Café Ferber bekannt sein – dort hängt eine Replik (▸ S. 17). Von Lovis Corinth stammt eine »Traumnacht«, Emil Nolde schuf Blumenbilder und Max Slevogt das »Frühstück auf der Wiese«. Aus der großen Grafiksammlung – von Hans Dürer bis Max Beckmann – werden rotierend immer neue Stücke gezeigt. Historische Stadtansichten von Danzig runden die Gemäldesammlung ab und zeigen, wie sich die Stadt im Lauf der Jahrhunderte verändert hat.

Historische Interieurs

Vom niederländischen Stil des 16. Jh. ließen sich die Danziger Inneneinrichter inspirieren. Aus bestem Holz fabrizierten sie aufwändige Stücke, oft mit geschnitzten Ornamenten und mit Intarsien. Sie sehen schwere Schränke und Sekretäre, riesige Anrichten und ganze Kabinette. Auch Schätze aus Danziger Juwelierwerkstätten sind zu sehen, z. B. eine ›Greifenkralle‹, ein fein gemeißelter Silberpokal der Danziger Seemannszunft.

Spätgotisches Rokoko – ein schöner Begriff für den filigranen Giebel der Kirche der Dreifaltigkeit

UM DIE ECKE

Bei der benachbarten **Kirche der Dreifaltigkeit** 2 (Kościół św. Trójcy) glaubt man einen typischen Backsteinbau vor sich zu haben – bis man die zur ul. Okopowa ausgerichtete Westfassade gesehen hat. Die drei filigranen, reich gemeißelten Giebel scheinen die märchenhafte Architektur eines Gaudí vorwegzunehmen. Der Kunsthistoriker Ernst Gall schrieb, dies sei »die feinste und zarteste Giebelgruppe des ganzen Landes, ein spätgotisches ›Rokoko‹ voll zierlichster Anmut«. Geschaffen hat sie ein gewisser Michael Enkinger 1503–14. Interessantes gibt es auch im Innern: Eine Tür am Ende des südlichen Kirchenschiffs führt zur **Annenkapelle** 3 mit schönen Tonnen- und Sterngewölben; von hier gelangen Sie durch einen versteckten Zugang in die **Abendmahlskirche** 4, deren hohes Schiff für Kunstausstellungen genutzt wird.

Ins Grüne – **nach Oliwa**

12

Für den weitgereisten Naturforscher Alexander von Humboldt war Oliwa einer »der schönsten Flecken der Erde«: Rings um die Kathedrale und den Abtspalast, wo die Parks in bewaldete Höhen übergehen, erscheint er noch heute idyllisch. Hier befindet sich auch Polens attraktivster Zoo: Hunderte von Exoten aus aller Welt leben in weitläufigen, artgerechten Gehegen.

Ernüchternd ist die 9 km lange Anfahrt über die ul. Zwycięstwa und Grunwaldzka. Shopping- und Outlet-Zentren, Gewerbe- und Industriegebiete reihen sich aneinander. Doch in Oliwa westlich der Hauptstraße ist das Idyll noch intakt und man begreift, warum es als Danzigs bestes Wohnviertel gilt. Es ist zugleich sein ältestes: 1178 schenkte Fürst Sambor von Pommerellen zugewanderten Zisterziensermönchen ein riesiges Landgut, die darauf ein Kloster bauten, Gärten und Teiche anlegten.

Heut' wandern wir im Garten der Mönche. Am Abtspalast vorbei spazieren Sie zur Kathedrale, deren Türme in der Ferne zu erahnen sind.

Cityplan: Karte 4, A 2 | **SKM, Tram:** 2, 6, 11, Opacka

INFOS/ÖFFNUNGSZEITEN

Oliwa ist mit dem Stadtzug SKM ab Hauptbahnhof (Gdańsk Główny) erreichbar. Vom Bahnhof Gdańsk Oliwa laufen Sie 10 Min. zum Park. Autofahrer parken kostenlos in der ul. Opata Jacka Rybińskiego am Eingang zum Park Oliwski.

Abtspalast/Galerie moderner Kunst 2: (Pałac Opatów/Galeria Sztuki Współczesnej), ul. Cystersów 18, http://mng.gda.pl/oddzialy, Mai–Sept. Di–So 10–17 (Do 12–19), Okt.–April Di–So 9–16 Uhr, 2,50 €

Speicher/Ethnographisches Museum 3: (Spichlerz/Muzeum Etnograficzne), ul. Cystersów 19, http://mng.gda.pl/oddzialy/oddzial-etnografii, Öffnungszeiten wie Galerie, 2 €

Kathedrale 4: (Katedra), ul. Biskupa Edmunda Nowickiego 5, www.archikatedraoliwa.pl, Mo–Fr 10–18, Sa 10–13.30, So 14–17 Uhr

Zoo 5: (Ogród zoologiczny), ul. Karwieńska 3, T 58 552 17 51, www.zoo.gd.pl, April 9–17, Mai–Sept. tgl. 9–19, Okt. 9–17, Nov.–März 9–15 Uhr, 6,50/4 €

KULINARISCHES FÜR ZWISCHENDURCH

In der **Pizzeria Margherita** 1 stehen 30 Pizzen und andere Italo-Klassiker zur Wahl – Selbstbedienung ist angesagt (ul. Cystersów 11, T 58 552 37 16, www.margherita.com.pl, 12–22 Uhr, ab 5 €).

Im Stadtpark

Schon von weitem grüßen die hohen Türme der Kathedrale, doch zunächst passiert man den 23 ha großen **Stadtpark** 1 (Park Oliwski). Symmetrisch angelegte Alleen und Beete, Hecken und Wasserläufe kontrastieren mit locker eingestreuten Wiesen und Teichen. Sie entdecken Flüstergrotten und einen Wasserfall, ein Palmenhaus mit tropischer Flora und ein Alpinarium mit Gebirgspflanzen aus aller Welt.

Eingebettet ins Parkgrün ist der barock verspielte **Abtspalast** 2 von 1746. Wo einst die Äbte des benachbarten Zisterzienserklosters residierten, befindet sich heute eine **Galerie mo-**

derner Kunst: In Rokoko-Sälen werden Arrivierte und Newcomer der polnischen Kunstszene ausgestellt. Im **Speicher** 3 gegenüber ist gleichfalls Interessantes zu sehen: Keramik ›mit der blauen Blume‹, Scherenschnitte und grellbunte Trachten entführen in die Welt der Kaschuben.

Die Kathedrale

Blickfang im Park ist die 1178 gegründete **Kathedrale** 4, die ›Krone‹ des Danziger Erzbistums. Mit fast 100 m Länge ist sie eine der größten des Landes. Nachdem man ein paar Stufen hinabgestiegen ist, staunt man über das von herrlichen Sterngewölben überspannte Mittelschiff. Sogartig wird man zum Ende des ›Tunnels‹ geschleust, wo ein Barockaltar mit großem Stuckhimmel wartet: Wolkenwirbel brechen hervor, dazwischen blinzeln pausbäckige Engelsköpfe.

An der Westwand des nördlichen Schiffs beeindruckt das Grabmal der reichen Familie Kos (1599, Abraham van den Blocke). Vier lebensgroße kniende Gestalten, die Männer mit dichtem Bart und Spitznase, Frau Kos mit Kinngrübchen und das Kind mit einem heruntergefallenen Schuh wirken so realistisch, als würden sie sich im nächsten Moment vom Gebet losreißen und zu den Zuschauern gesellen.

Schmuckstück der Kirche ist ein Orgelgigant mit fast 8000 Pfeifen. Vom gewaltigen Klang kann man sich im Sommer mehrmals täglich bei fünfzehnminütigen Probevorführungen sowie beim Orgelfestival überzeugen. Wenn die Orgel erklingt, klatschen Engel in die Hände, Sonne und Sterne beginnen zu kreisen – all dies zu Ehren der gleichfalls holzgeschnitzten Jungfrau Maria.

Der Kormoran lauert im Park von Oliwa auf Beute – ob sich das Warten lohnt?

UM DIE ECKE

Vom Stadtpark sind es 15 Gehminuten zum **Zoo** 5: Er ist auf einem hügeligen Waldgelände angelegt – insgesamt 136 ha, erschlossen durch verschlungene Wege (und eine Bimmelbahn). Über 200 verschiedene Exoten leben in weitläufigen Gehegen, u. a. Elefanten und Löwen, Nilpferde und Zwergflusspferde, Gorillas, Schimpansen und Orang-Utans. Wild wirken Wisente, die größten (und fast ausgestorbenen) Säugetiere der europäischen Wälder.

13

Wellness an der Küste – **in Sopot**

Nach dem Sightseeing in Danzig entspannt man sich im 12 km nördlich gelegenen Sopot: Mit erstklassigen Strandhotels, Seesteg und Marina, mit Nord- und Südbad, Kurhaus und Waldoper ist Sopot so attraktiv wie in der Belle Epoque, als sich hier Erb- und Geldadel die Klinke in die Hand gab. Manche sagen, heute sei es noch schöner …

Seinen Aufstieg verdankt der Badeort Sopot Napoleons Leibarzt Jean George Haffner. Der ›lustige französische Doktor‹ wollte, wie er schrieb, »in der paradiesischen Gegend eine Seebadeanstalt begründen, die allen Anforderungen der Arzneikunde, des Geschmacks und des Vergnügens entspricht«. Wer es sich leisten konnte, ließ sich hier bald eine Sommervilla in Bäderarchitektur bauen – mit Erker, Turmausguck

Komm, wir fahren ans Meer auf den weißen Steg von Sopot! Die Meerbrise frischt Kopf und Körper auf.

und Glasveranda. Auch heute gilt Sopot mehr als jeder andere Ort der polnischen Ostseeküste als *the place to be:* Wer Geld hat, poliert eine alte Villa auf oder baut sich eine neue und verbringt hier gerne den Sommer.

Monciak und Mole

Mittelpunkt von Sopot ist die Flaniermeile **Bohaterów Monte Cassino** **1**, von den Bewohnern Monciak genannt. Sie führt von der Kirche nahe dem Bahnhof zum Meer hinab und ist von Terrassencafés gesäumt. Ein Hingucker ist das **Schiefe Haus** **2** (Krzywy Domek, Nr. 53), eine von Gaudí inspirierte Einkaufspassage. Fast am Meer weitet sich die Flanierstraße zum **Plac Zdrojowy** **3**, der vom pompösen **Kurhaus** **4** (Dom Zdrojowy) abgeschlossen wird. Dieses wurde 2012 erbaut und zitiert mit seiner strahlenden Fassade, Rundfenstern und kuppelgekrönter Rotunde den im Krieg zerstörten Vorgänger. Im Kurhaus können Sie die **Staatliche Kunstgalerie** **5** besuchen, die auf mehreren Etagen attraktive Ausstellungen zeigt. Die **Touristeninfo** **6** ist über einen seitwärts angebrachten Panoramalift (2. Stock) erreichbar. Noch einen Stock höher können Sie am **Trinkbrunnen** **7** Sopots salzhaltiges Mineralwasser kosten, das aus der Adalbertquelle hochgepumpt wird. Mit dem Kurhaus verbunden ist das Hotel **Sheraton** **8**, in dessen Spa ausschließlich Sopots Heilwasser verwendet wird. Wer keine Lust auf eine Bäderkur hat, inspiziert den seezugewandten Kuppelbau mit dem Café Rotunda.

In Verlängerung der Promenade ragt eine hölzerne **Seebrücke** **9** (poln. *molo)* aufs Meer; mit 512 m die längste der Ostsee. Auf ihr nimmt man ein Sonnenbad oder wirft den im Wasser wartenden Schwänen Brot zu, schlürft Cocktails im Café oder besteigt ein Ausflugsschiff. Von der Marina am Molenende lässt sich Sopots Küste wunderbar überblicken! Im Sommer treten auf der Mole namhafte Musiker auf, auch Filme werden vorgeführt.

Zu beiden Seiten der Brücke erstreckt sich ein herrlich weißer **Sandstrand** **10**. Er wird auf einer Länge von 10 km von einer Promende für Spaziergänger und Radfahrer gesäumt. Diese verläuft im dichten Grün alter Bäume; landeinwärts stehen in Gärten Hotels und Pensionen.

Ü
ÜBRIGENS

Lange Zeit galt das Meer als gefährlich. Es roch nach Tang und Verwesung, brachte Piraten und Plünderer, verschlang Seeleute und Schiffe. Erst im 19. Jh., als Ärzte die Heilwirkung des Badens propagierten und Schlammpackungen empfahlen, erwachte in ganz Europa die **Meereslust.**

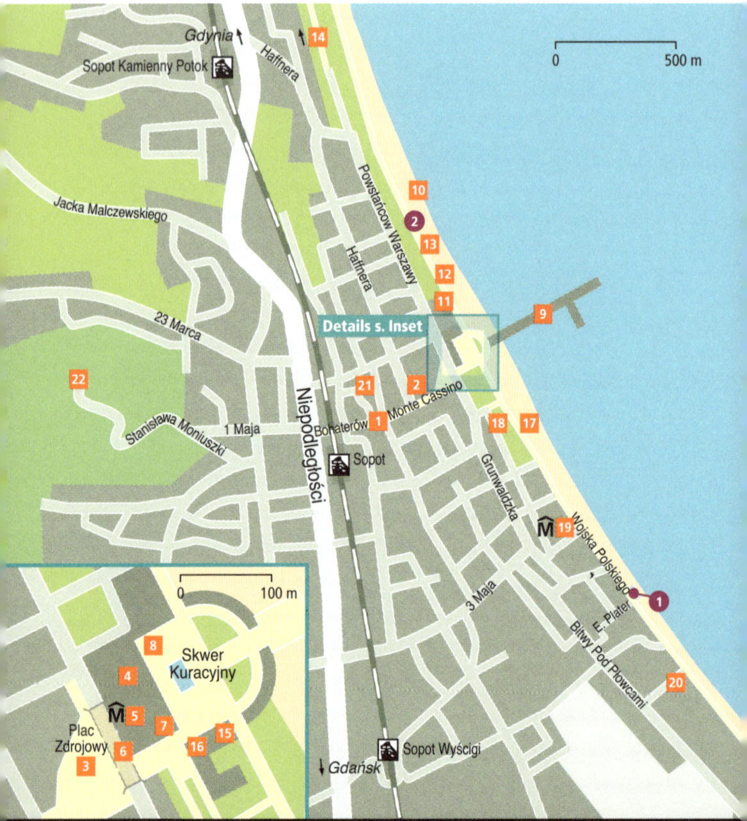

Cityplan: Karte 3 | **SKM:** Sopot

INFOS/ÖFFNUNGSZEITEN

Schiefes Haus 2: (Krzywy Domek), ul. Bohaterów Monte Cassino 53

Touristeninfo 6: pl. Zdrojowy 2 (2. Stock), T 58 550 37 83, www.sts.sopot.pl, tgl. 10–18, im Sommer 10–20 Uhr; gute Beratung zu Unterkünften und Kulturveranstaltungen

Sheraton Sopot Spa 8: ul. Powstańcow Warszawy 10, T 58 767 19 00, www.sheratonsopotspa.pl

Seebrücke 9: (Molo) www.molo.sopot.pl, tgl. 8–22 Uhr, 2 €

Aquapark Sopot 14: Zamkowa Góra 3–5, T 58 555 85 55, aquaparksopot.pl, tgl. 8–22 Uhr, Tagesticket 12, Sa/So 14 €

Leuchtturm 16: (Latarnia Morska) pl. Zdrojowy/ul. Grunwaldzka 1–3, 10 Uhr bis Einbruch der Dunkelheit, 1,50 €

Stadtmuseum 19: (Muzeum Sopotu), ul. Poniatowskiego 8, www.muzeumsopotu.pl, Di/Mi 10–16, Do 12–18, Fr 10–16, Sa/So 12–18 Uhr, 1,25 €

Mera Spa Hotel 20: ul. Bitwy Pod Płowcami 59, T 58 766 60 80, www.meraspahotel.pl (► S. 88)

KULINARISCHES FÜR ZWISCHENDURCH

Przystań Rybacki 1: al. Wojska Polskiego 11, www.barprzystan.pl, T 58 555 06 61, 9.30–23 Uhr, ab 4 €

Nördlich der Mole

Neben dem Sheraton prunkt das schlossartige **Grand Hotel** 11. Seit seiner Gründung 1926 ist es der mondäne Treffpunkt der Stadt, Quartier für Promis und Politiker. Ans Grand Hotel (heute: Sofitel Grand Sopot) schließt sich das Strandtheater **Atelier** 12 an (mit Bar und Café), angrenzend die ›Kunstbucht‹ **Zatoka Sztuki** 13 im ehemaligen Nordbad: ein weißes Holzhaus mit Terrassencafé, der zugehörige Beach Club ist mit seinen Strandliegen und Daybeds ein idealer Ort zum Relaxen. Laufen Sie ein paar Minuten weiter, kommen Sie zum städtischen **Aquapark** 14.

Schief und krumm kann doch auch ganz schön sein – die Realität ist schließlich glatt und steif genug. Krzywy Domek nennen die Polen diesen architektonischen Hingucker.

Südlich der Mole

Südlich des Kurhauses steht der **Badepalast** 15 (Zakład Balneologiczny): ein Lustschlösschen mit haubengespickten Türmchen aus dem Jahr 1904. Der mittlere, der als **Leuchtturm** 16 dient, kann bestiegen werden und bietet einen weiten Blick über die Danziger Bucht. Nebenan sprudelt aus der 800 m tiefen Adalbert-Quelle Sopots Mineralwasser in den Pilzbrunnen – Sie können sich gratis bedienen! Von skandinavischen Sagen ist das **Südbad** 17 (Łazienki Południowe) inspiriert: Das aus Holz erbaute Gebäude ist mit geschnitzten Erkern, Drachen- und Greifenfiguren verziert, die steilen Knickdächer krönen spitzgieblige Türmchen. Die Anlage wirkt so exotisch, dass man sich nicht daran stört, darin ein asiatisch inspiriertes Hotel und Restaurant zu finden. Nebenan befindet sich der kleine **Südpark** 18 mit der evangelischen Heilandkirche (1919) und einem Wasserbrunnen.

Ein Stück weiter südlich entdecken Sie in einer Strandvilla das **Stadtmuseum** 19. Das Haus, 1903 für den Danziger Zuckerbaron Claassen errichtet, zeichnet Sopots Karriere vom Fischernest zum mondänen Badeort nach. Historische Fotos zeigen blasse Damen mit Sonnenhut, Kinder im Matrosenanzug und Badegäste in voller Montur. Fischer der umliegenden Dörfer waren angehalten, sich ordentlich zu kleiden, um in den Augen der Herrschaften kein Missfallen zu erregen. Fein säuberlich sind auf der ›Fremdenliste‹ alle vornehmen Gäste vermerkt. Im Wochenspiegel von anno dazumal sind all jene Hasardeure vermerkt, die ihr Vermögen im Kasino verspielten und dann

Der Leuchtturm

In Sopot mag man Meer … jedenfalls Fisch. Im Restaurant Przystań, übersetzt ›Anlegestelle‹, verliebt man sich erst in einen, dann isst man ihn.

auf der ›Galgenpromenade‹ freiwillig aus dem Leben schieden. Ausgestellt sind Postkarten und Souvenirs, Hotelgeschirr mit der Aufschrift ›Miramare‹ und riesige Reisekoffer.

Längs der Küstenpromenade bieten Pagoden-Pavillons kühle Drinks und fischige Snacks. Ein besonders schöner Flecken ist die Anlegestelle der Fischer. Bunte Boote liegen im Sand, ihre Wimpel sind vom Wind zerzaust. Der Fang landet in kleinen Räuchereien (Schild: *Ryby Wędzone*). Hier können Sie Aal, Dorsch und Lachs kaufen und am Strand verzehren. Oder Sie kehren nebenan im **Przystań Rybacki** 1 ein. Am Tresen suchen Sie aus, was Ihnen gefällt, ziehen eine Nummer, die, sobald der Fisch zubereitet ist, ausgerufen wird.

Fast am Südende von Sopot liegt das **Mera Spa Hotel** 20. Mit seinen klaren Formen und Naturmaterialien fügt es sich harmonisch in die Strandkulisse ein. Skandinavien lässt grüßen – kein Wunder, das Haus gehört der Ikea-Foundation! Das Terrassen-Café ist von der Promenade zugänglich und lädt zu einem Drink ein. Und vielleicht haben Sie Lust, sich für den nächsten Tag ein DAY-SPA-Paket zu gönnen? Es gibt Thermalbäder mit Hydromassagen, Whirlpools drinnen und draußen sowie eine große, schwarz gestylte Saunalandschaft, die *deep relaxation* verspricht. Die große Wellness-Abteilung vom entspannenden ›Bernsteinzimmer‹ bis zum anregenden ›Meereskabinett‹ gehört zu den schönsten der Ostsee.

Das obere Sopot

Von der Küste steigt das Land terrassenförmig zu bewaldeten Hügeln an. Auch hier sind die Straßen von schönen Häusern gesäumt, eines davon ist der **Dworek Sierakowskich** 21 (► S. 108), eine Sommerfrische aus dem 18. Jh. Noch weiter oben steht die 1909 fertiggestellte **Waldoper** 22 (Opera Leśna). Dank den hier aufgeführten Wagner-Opern galt Sopot im Dritten Reich als ›Bayreuth des Nordens‹. In den 1960er-Jahren wurde die Waldoper modernisiert und bot fortan Platz für mehr als 4400 Zuschauer – ein Open-Air-Theater unter einem riesigen Faltdach. Heute findet darin jedes Jahr im August ein Pop- und Liederfestival statt.

L
LOKALE

Auf Schritt und Tritt stoßen Sie auf interessante Cafés und Lokale, insbesondere längs der Flaniermeile Monciak. An der Küstenpromenade lohnt ein Stopp an der ›Anlegestelle der Fischer‹ am Strandzugang 32: In der Bar **Przystań Rybacki** 1 gibt's Fisch in vielen Varianten. Für einen Drink in szenigem Strand-Ambiente empfehle ich **Zatoka Sztuki** 2 (al. Mamuszki 14, T 58 585 80 65, http://zatokasztuki.pl, 9–24 Uhr).

Von Sopot gen Norden – **am Fuß der Adlerklippen**

#14

Hier fühlen Sie sich in die Südsee versetzt: Laufen Sie von Sopots Seesteg durch weißen, samtweichen Sand nordwärts, blicken Sie nach links auf dichten Wald und rechts aufs blaue Meer. Je weiter Sie voranschreiten, desto einsamer wird es – bald sind Möwen Ihre einzigen Begleiter. Sie passieren den Weiler Orłowo, wo Sie bei Fischern einkehren können und erreichen wenig später die bizarr erodierten Adlerklippen – ein herrlich wilder Flecken! Wer gut zu Fuß ist, läuft weiter bis Gdynia.

Start an Sopots Seebrücke

Von **Sopots Seebrücke** 1 gehen Sie nordwärts, vorbei am Sheraton und Grand Hotel. Hinter dem ehemaligen Nordbad und der ›Fischerhütte‹ **Chata Rybacka Piaskownica** 1 lassen Sie alle Häuser hinter sich. Ein Parkgürtel, in den sich Buchen, Eichen und Kiefern mischen, schirmt den Strand

Senkrecht ragen die Felsen aus den Fluten, hinter der Klippe können Sie weiterlaufen – auf Wunsch bis nach Gdynia!

vom Hinterland ab. Und der Strand kann sich sehen lassen! Breit ist er, weiß und fein wie Puder – wäre nicht der baltische Strandhafer, fühlte man sich in die Südsee versetzt! Muscheln und angeschwemmtes Treibholz liegen im Sand und es riecht nach Tang. Nach 1,5 km kommen Sie zu einer kleinen Mole; aus Reet geflochtene Sonnenschirme spenden Schatten.

Am Adlerhorst

Weiter stapfen Sie durch Sand und sehen schon von weitem die **Mole von Orłowo** 2 (Adlerhorst).

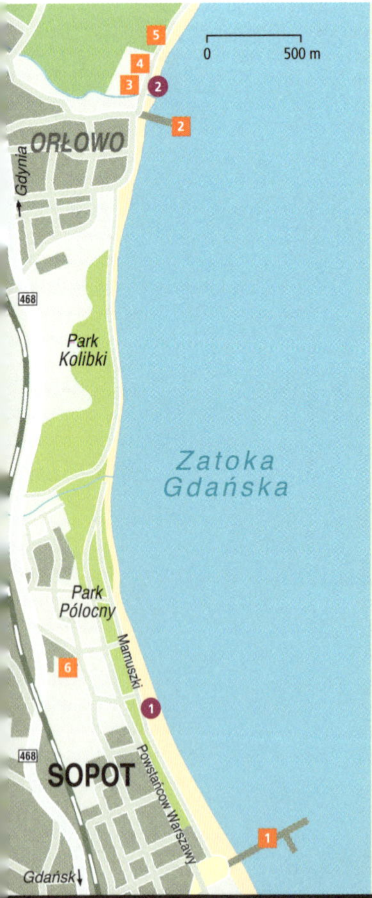

INFOS/ÖFFNUNGSZEITEN

Länge/Dauer: 10 km/3–4 Std. Gehzeit hin und zurück. Sie können die Tour jederzeit abbrechen und am Strand oder landeinwärts über einen Waldweg nach Sopot zurücklaufen. Von Gdynia geht es mit dem Stadtzug SKM nach Sopot zurück. Badesachen nicht vergessen!

Kunstakademie/Debüt-Galerie 3: (Zespół Szkół Plastycznych/Galeria Debiut) ul. Orłowska 8, unregelmäßig geöffnet, Eintritt frei

Sopot Festung 6: Skansen Archeologiczny Grodzisko, ul. Haffnera 63, www.archeologia.pl/grodziskosopot Di–So 9–17 Uhr, 2 €

KULINARISCHES FÜR ZWISCHENDURCH

Die Meeresbrise macht Appetit. Mehrere Strandlokale sind ganztägig geöffnet und locken mit Gerichten ab 4–6 €: Die **Chata Rybacka Piaskownica** 1 (ul. Powstanców Warszawy 93, www.piaskownicasopot.pl) hat den Charakter einer urigen Taverne. Fisch auf gutbürgerliche Art gibt es in der **Tawerna Orłowska** 2 (ul. Orłowska 3, T 58 622 22 20, www.tawernaorlowska.pl, ab 7 €). Wollen Sie nur etwas trinken, besuchen Sie nebenan das originelle **Domek Żeromskiego** (ul. Orłowska 6, www.domekzeromskiego.pl).

Cityplan: Karte 4, A 1/2 | **SKM:** Sopot

Jenseits der Mole entdecken Sie auf einer Bank eine mannsgroße Bronzefigur: Ein Maler hält auf Leinwand die Küste fest, neben ihm liegt eine Palette. Schon immer hat die Küste Künstler angelockt, die sich von der Meereslust inspirieren ließen. Im ehemaligen Gasthaus, einem restaurierten Fachwerk-Backsteinbau, ist passenderweise eine **Kunstakademie** 3 untergebracht. Im Garten und im Hinterhof stehen Skulpturen, weitere Werke sind in der Debüt-Galerie ausgestellt. Fischer haben am Meer Boote aufgebockt, neben denen sich bunte Kisten für den Fang stapeln. Von einer Räucherei wehen Düfte heran, die Lust machen, in der angrenzenden **Tawerna Orłowska** 2 einzukehren. Zwar ist das Ambiente nicht umwerfend, doch der Fisch ist frisch und der Blick reicht weit aufs Meer. Eine Alternative bietet sich im **Żeromski-Haus** 4. Hier sitzen Sie gemütlich in Strandkörben neben ausrangiertem Fischergerät. Angeschlossen ist ein kleines Museum, das dem Schriftsteller Stefan Żeromski (1864–1925) gewidmet ist. Er lebte hier in den 1920er Jahren und schrieb sich mit Romanen wie »Wind vom Meer« in die Herzen der Polen ein. Ausgestellt sind seine Bücher und historische Fotos.

Bunte Farben und Wimpel im Wind – so sind die Fischerboote selbst im Sturm auf dem Meer gut sichtbar.

Klippen-Finale an der Redlauer Kämpe

Nach einer Stärkung folgen Sie der Küste nordwärts. Die Hügel werfen sich zu den über 90 m hohen, von der Brandung angesägten Adlerklippen von **Redłowo** 5 (Redlauer Kämpe) auf. Am Fuß des Kliffs verläuft ein schmaler, von Steinen durchsetzter Strand, auf dem herabgestürzte Bäume quer liegen. Gehen Sie um das Kap, den sogenannten ersten Haken herum, sehen Sie in der Ferne die weiße Silhouette von Gdynia wie eine ins Meer geworfene Sichel. Sind Sie gut zu Fuß, laufen Sie an einem ›zweiten Haken‹ vorbei und erreichen nach 5 km Gdynia.

K
KLIPPEN

Die Klippen werden nicht ewig an der Küste stehen. Jedes Jahr verleibt sich das Meer ein Stück Festland ein – seit der ersten Messung 1891 bis heute sind es mehr als 100 m!

UM DIE ECKE

700 m nördlich von der Seebrücke, etwas landeinwärts, wurde auf einem bewaldeten Hügel Sopots Ursprung rekonstruiert: Die Ruinen einer slawischen Wehrsiedlung vom 8. bis 14. Jh. wurden in den Nachbau der **Sopot Festung** 6 integriert. Ausgestellt werden u. a. hier gefundene Speerspitzen und Keramikstücke.

15

Maritime Traditionen – in Gdynia

Die nördlichste Stadt des Dreierbunds entstand in den 1920er- und 30er-Jahren im reinsten Bauhausstil. Doch nicht nur architektonisch ist sie interessant. Mit einem Emigrantenmuseum, dem Technologie- und Wissenschaftspark sowie dem Aquarium auf der Südmole nimmt sie auf vielfältige Art das Meer ins Visier.

Roter Backstein ist in Gdynia nicht zu finden, und auch Spuren der Gotik sucht man vergebens. Außer Brasilia und Tel Aviv gibt es weltweit keine Stadt mit einer derartigen Fülle an Gebäuden im Bauhausstil. Für Gdynia, ›Polens Tor zur Welt‹, war das Beste gerade gut genug – Architekten entwarfen eine Modellstadt, die bis heute nichts von ihrer Modernität eingebüßt hat. Klare Formen und große Fensterfronten, Luft und Licht sorgen für Wohnqualität. Dazu unterstreichen maritime Motive Gdynias Seecharakter: Aufbauten, die an Kommandobrücken erinnern, abgerundete Kanten, Masten und Bullaugen. Hauptachse der

Dar Pomorza – ein ›Geschenk Pommerns‹, war viele Jahre Polens Schulschiff Nr. 1.

Stadt ist die parallel zur Küste verlaufende Świętojańska. Mit der ul. 10 Lutego kreuzt sie sich am langgestreckten **Kościuszki-Platz** (Skwer Kościuszki), der sich zur Südmole (Molo Południowe) verlängert. Im Schatten der Sea Towers, die zu Polens höchsten Häusern zählen, liegen alle maritimen Attraktionen beisammen.

Südmole

An der Südmole sind drei **Museumsschiffe** vertäut, die man während der Sommermonate besichtigen kann. Die **Błyskawica** 1 (Blitz), ein 114 m langer und 11,5 m breiter Torpedozerstörer, war das Vorzeigeschiff der polnischen Marine und nahm 1944 an der Landung in der Normandie teil. Die 72 m lange **Dar Pomorza** 2, ein weißer Windjammer mit 41 m hohen Masten, lief 1901 in Hamburg als »Prinz Eitel Friedrich« vom Stapel und fiel im Rahmen der Reparationszahlungen 1918 an Frankreich. Mit Spenden der Bevölkerung (Dar Pomorza = Geschenk Pommerns) wurde sie von der polnischen Regierung als Schulschiff erworben. Sie umsegelte 50 Jahre die Welt, bevor sie 1983 ihren festen Standort in Gdynia fand. Das Nachfolgeschiff hat den Namen **Dar Młodzieży** (Geschenk der Jugend) und legt nach jeder Seereise hinter der Dar Pomorza an.

Das von einer Bugfigur inspirierte Monument zeigt Józef Korzeniowski alias Joseph Conrad. Als junger Mann heuerte er hier auf einem Schiff an und bereiste alle Weltmeere. Seine Erfahrungen waren der Stoff, aus dem er Weltliteratur schuf.

Am Ende der Mole steht das **Joseph-Conrad-Monument** 3. Der Schriftsteller brachte wie kaum ein anderer die Sehnsucht nach dem Meer zum Ausdruck. Eigentlich hieß er Józef Konrad Korzeniowski (1857–1924), verließ als junger Mann das besetzte Polen und fuhr zur See. Mit seinem Roman »Herz der Finsternis«, den er auf Englisch verfasste, ging er in die Weltliteratur ein.

Was sich unter der Meeresoberfläche verbirgt, wird im – etwas angestaubten – **Aquarium** 4 vorgeführt. Das Spektrum der Seetiere reicht vom Zwergkrokodil bis zur Schildkröte, von der australischen Qualle bis zum Amazonas-Arapaima. Eine große, maßstabstreue Reliefkarte gibt Aufschluss über die Beschaffenheit des Ostseebodens.

Die Südmole grenzt an den Jachthafen, geht man daran vorbei, kommt man zum **Museum der Kriegsmarine** 5. Großartig ist die Architektur, traditionell-textlastig die Präsentation (nur Polnisch!). Nicht alle Besucher begeistern sich am Garten mit seinen Flugzeugen, Panzern und Kanonen.

Strände

Sobald sich die Sonne blicken lässt, belebt sich der **Stadtstrand** 6 (Plaża Śródmieście). Doch weil das Wasser im Bereich der Mole nicht immer sauber ist, wird wenig gebadet, dafür umso

INFOS/ÖFFNUNGSZEITEN

Błyskawica 1: Skwer Kościuszki/al. Jana Pawła II (Nabrzeże Pomorskie), www.muzeummw.pl, Di–So 10–12.20, 14–16.20, Juli/Aug. bis 17.20 Uhr, 3 €

Dar Pomorza 2: Skwer Kościuszki/ al. Jana Pawła II (Nabrzeże Pomorskie), www.nmm.pl, Di–So 10–16 Uhr, 2 €

Aquarium 4: (Akwarium Gdyńskie) al. Jana Pawła II 1, www.akwarium.gdynia.pl, April–Mai 9–19, Juni–Aug. 9–20, Sept. 9–19, Okt.–März 10–17 Uhr, Nov.–Feb. Mo geschl., 6 €

Museum der Kriegsmarine 5: (Muzeum Marynarki Wojennej), ul. Zawiszy Czarnego 1, www.muzeummw.pl, Di–So 10–17 Uhr, 2,50 €

Museum der Emigration 9: (Muzeum Emigracji): ul. Polska 1, www.muzeumemigracji.pl, Di u. Fr 12–20, Mi/Do und Sa/So 10–18 Uhr, 2,50 €

Gdynia InfoBox 10: ul. Świętojańska 30, www.gdyniainfobox.pl, Mo–Fr 10–19, Sa 12–18, So 12–19 Uhr; mit Café

Stadtmuseum 11: (Muzeum Miasta) ul. Zawiszy Czarnego 1, www.muzeumgdynia.pl, Di/Mi u. Fr 10–18, Do 12–20, Sa/So 10–17 Uhr, 1,75 €

Touristeninfo: ul. 10 Lutego 24, T 58 622 37 66, www.gdyniaturystyczna.pl, Mo–Fr 9–17, Sa 9–15 Uhr

KULINARISCHES FÜR ZWISCHENDURCH

Von der Terrasse des Museums der Kriegsmarine überblicken Sie den Hafen und genießen mediterrane Küche in schnörkellosem Ambiente:

Vinegre di Rucola 1, ul. Zawiszy Czarnego 1-B, Mobil 798 08 07 98, www.vinegre.pl, 10–23 Uhr, ab 6 €

Cityplan: Karte 4, A 1 | **SKM:** Gdynia Główna

mehr flaniert: Eine breite **Promenade** 7 startet am Stadtstrand und führt 2 km südwärts. Wie in Sopot ist sie durch einen Parkgürtel von der Stadt abgetrennt. Biker, Skater und Jogger haben hier einen Parade-Parcours, den sie von morgens bis abends nutzen. Wohl nirgends in der Dreistadt geht es so entspannt zu, doch nur wenige Touristen haben diesen Flecken bisher entdeckt! Wo die Promenade an einer kleinen Mole ausklingt, beginnt der helle, wilde und kilometerlange Strand von **Redłowo** 8 (Redlauer Kämpe). Fünf Kilometer verläuft er am Fuß bewaldeter Klippen bis Orłowo und weiter bis Sopot.

Nordmole

Im ehemaligen Seebahnhof (Dworzec Morski), von dem früher Tausende in See stachen, um ihr Glück in Übersee zu suchen, entstand das **Museum der Emigration** 9. Darin werden die Biographien jener Bewohner nachgezeichnet, die Armut und Not aus dem Land zwangen. Dass die meisten in der Neuen Welt nicht das große Glück, sondern ein entbehrungsreiches Leben erwartete, wird in der Ausstellung nicht ausgespart. Schätzungsweise 20 Mio. Menschen mit polnischem Migrationshintergrund gibt es auf der Welt, als größte ›polnische Stadt‹ nach Warschau gilt Chicago.

UM DIE ECKE

Interessant ist ein Besuch der **Gdynia InfoBox** 10. Sie sieht aus, als wären mehrere Container übereinandergestapelt und veranschaulicht multimedial und anhand von 1700 Modellen, wie die Stadt eines nicht mehr fernen Tages aussehen soll. Dagegen widmet sich das **Stadtmuseum** 11 der Vergangenheit: Gdynias Aufstieg begann 1919, als die neue Republik Polen im Versailler Vertrag nördlich von Danzig einen Zugang zum Meer erhielt. Im Eiltempo wurde eine Küstenstadt aus dem Boden gestampft und mit ihr ein riesiger Hafen, über den bald fast der gesamte Außenhandel Polens abgewickelt wurde. 1939 verleibte sich Deutschland Gdynia ein und taufte die Stadt um in »Gotenhafen«. Sie wurde 1944 von alliierten Bombern beschossen, ein Jahr später war sie wieder polnisch.

Der Stadtstrand von Gdynia ist ein wunderbar alltäglicher Ort: Man spielt Beach-Volleyball, verputzt einen Fischimbiss oder schaut einfach den Schiffen hinterher …

EINTRITTSKARTEN *in eine andere Welt ...*

Neben dem Nationalmuseum (▶ S. 59) gibt es in Danzig noch viele weitere Museen, hier meine persönlichen Favoriten:

UND JETZT ENTSCHEIDEN SIE!

Centrum Archeologicznej Błękitny Lew
Di–So 9–17 Uhr
2,50 €

Sieben Etagen eines historischen Speichers führen ins Mittelalter, wo Sie Münzpräger, Badefrauen und alchemistische Apotheker erwarten. Glocken läuten, Marktschreier preisen Waren an und dazwischen kräht ein Hahn.

JA NEIN

C/D 7, www.blekitnybaranek.pl

Centrum Hewelianum
Juni–Okt. Di–So 9–18, Nov.–Mai 9–16 Uhr
2–3,50 €

Zeitmaschine in die Zukunft und in die Vergangenheit: Im Fort auf dem Hagelsberg tauchen Sie in Danzig anno dazumal ein und erleben zugleich die Welt der Astronomie: 65 Multimedia-Stationen führen ins Universum.

JA NEIN

A 3, www.hewelianum.pl

Centrum Nauki Experyment
Di–Fr 9–18, Sa/So 10–19 Uhr
5 €

Im Wissenschafts- und Technologiepark in Gdynia werden Sie in die Gesetze der Natur eingeweiht. Highlight ist die ›Hydrowelt‹. Sie erfahren, wie Wasserkraftwerke funktionieren und können 2 m hohe Wasserstrudel erzeugen.

JA NEIN

Karte 4, A 1, www.experyment.gdynia.pl

Centrum Sztuki Współczesnej Łaźnia
Di/Mi 12–18, Do 12–20, Fr–So 12–18 Uhr
2 €

Einer der interessantesten Orte für zeitgenössische Kunst in Polen. Für ihre hier gezeigte Installation »Passion« – männliche Genitalien in einem kreuzförmigen Leuchtkasten – wurde Dorota Nieznalska mit Hausarrest bestraft.

JA NEIN

D 8, www.laznia.pl

Galeria Starych Zabawek
Di–So 11–18 Uhr
2 €

Im Schatten der Marienkirche wird ›altes Spielzeug‹, vorwiegend aus der sozialistischen Zeit ausgestellt, darunter sind auch einige Kultfiguren aus populären Fernsehserien zu finden.

Karte 2, B/C 5, www.stare-zabawki.pl

JA NEIN

Państwowa Galeria Sztuki
Di–So 11–19 Uhr
2,50 €

Klassiker der Avantgarde und Zeitgenossen in einem modernen Prunkbau am Strand: Lassen Sie sich von der Staatlichen Kunstgalerie in Sopot inspirieren und entdecken Sie aufregende polnische Künstler!

Karte 3, B 2, www.pgs.pl

JA NEIN

Piwnica Romańska
Di–So 9–17 Uhr
2 €

Steigen Sie gegenüber der Markthalle in die mittelalterlichen, auf einem einzigen Pfeiler ruhenden Kellergewölbe des ehemaligen Dominikanerklosters hinab – einst schmausten hier die Mönche.

Karte 2, C 5, www.piwnicaromanska.org

JA NEIN

Skansen Archeologiczny Grodzisko
Di–So 9–17 Uhr
2 €

Schon im frühen Mittelalter gab es Strandlust. Das beweist eine slawische Wehrsiedlung auf einem bewaldeten Hügel oberhalb von Sopots Strand.

Karte 3, nördl. A 1, www.archeologia.pl/oddzialy/grodzisko-sopot

JA NEIN

ŻAK Club Galerie
tgl. 9–21 Uhr
Eintritt frei

Im ersten Stock einer Glaspyramide im legendären Studentenclub ŻAK stellen die Absolventen der Kunstakademie ihre Werke aus. Ihr Motto lautet: »Künstler und Kritiker, vereint Euch«.

Karte 4, http://klubzak.com.pl

JA NEIN

Danziger Museumslandschaft

In den letzten Jahren hat sich Danzig mehrere Museen zugelegt, die zu den besten Polens zählen, u. a. das **Bernsteinmuseum** (▶ S. 28), das **Nationale Maritime Museum** (▶ S. 39), das **Europäische Zentrum der Solidarität** (▶ S. 56) und das **Museum der Emigration** (▶ S. 77), 2017 wird das Museum des Zweiten Weltkriegs eröffnet (▶ S. 52). Nicht nur die Architektur all dieser Orte beeindruckt, sondern auch die multimediale Präsentation, die auf sinnliche Erfahrung setzt. Eher traditionellen Zuschnitts sind die **Prachtsäle** am **Langen Markt** (▶ S. 23) und im **Rechtstädtischen Rathaus** (▶ S. 25). Im ehemaligen Franziskanerkloster befindet sich der Hauptsitz des **Nationalmuseums** (▶ S. 59). Zu diesem gehören über die Stadt verteilte Dependancen, die sich unterschiedlichen kulturellen Aspekten widmen – von moderner Kunst bis zu Ethnografie. Auf der Website http://mng.gda.pl findet man dazu detaillierte Infos, vorerst leider nur in polnischer Sprache. Zeitgenössisches ist seit einigen Jahren in der Dreistadt gut vertreten, so im Kunstzentrum **Łaznia** und in der **Staatlichen Kunstgalerie** in Sopot.

EIN PAAR TIPPS

Der Eintrittspreis zu den Museen der Dreistadt ist mit 2–6 € niedrig – verglichen mit anderen Metropolen Europas. Noch günstiger ist er für Kinder unter zwölf Jahren sowie Studenten und Senioren (Ausweis nicht vergessen!). Achten Sie auch auf spezielle Familien- und Gruppentickets. Sind Sie im Besitz der Touristenkarte (▶ S. 112), haben Sie freien Zugang zu etwa 20 Museen. Zudem bietet jedes Museum an einem Tag der Woche freien Eintritt für alle – da sich der Tag mit jeder Saison ändert, schauen Sie bitte auf die Website des Museums oder fragen Sie in der Touristeninfo nach! Ruhetag ist fast immer Montag, doch auch an polnischen Feiertagen bleiben die meisten Museen geschlossen. Wichtig: letzter Zutritt fast überall 30, oft auch 60 Min. vor Schließung des Museums.

Der Name ist Programm: Spielerisches Lernen im Experyment

Wrzeszcz – das Danzig von Günter Grass

Können Sie den Namen aussprechen? Wrzeszcz (ungefähr wscheschtsch, aber das erste sch eher wie Ge in Gelee) – so nennt sich das Viertel 3 km nördlich des historischen Zentrums, das in deutscher Zeit Langfuhr hieß. Einst kleinbürgerlich geprägt, wandelt es sich heute zum Szene-, Studenten- und Shopping-Quartier der Dreistadt. Literarisch weltberümt ist es dank Günter Grass schon lange.

Zum Geburtshaus des Autors

Ulica Wajdeloty/Lelewela

Karte 4, B 2/3

Die repräsentative Fußgängerstraße Wajdeloty ist beidseitig mit Häusern im Sezessionsstil bebaut. Ihren Anfang nimmt sie nördlich des Bahnhofs am Park Kuźniczki, wo die Danziger Aktien Bierbrauerei von 1874 **(Stara Browarnia)** zum Kern eines schicken Wohnquartiers wird – auch eine Mikro-Brauerei soll hier einziehen. Die Straße endet an einem halbkreisförmig bebauten Rondell. Biegen Sie hier in die ul. Aldony ein und halten sich an der nächsten Ecke links, kommen Sie in die **ul. Lelewela**: Aus offenen Fenstern weht der Duft von Sonntagsbraten, im Hinterhof spielen Kinder Räuber und Gendarm … So mag es schon ausgesehen haben, als Günter Grass 1927 im Haus Labesweg Nr. 13 das Licht der Welt erblickte. Seine Eltern betrieben einen kleinen Kolonialwarenladen – ebenso wie jene von Oskar Matzerath, der Hauptperson im Roman »Die Blechtrommel«. Mit drei Jahren beschloss dieser, nicht mehr zu wachsen – so sehr fühlte er sich von der Welt der Erwachsenen angeödet. Nun erinnert am Haus eine Plakette an Grass und seinen Oskar.

100 Meter weiter

Plac Wybickiego Karte 4, B 2/3

An einem grünen Platz, nur eine Gehminute entfernt, wurde für den Knirps ein Denkmal aufgestellt. Oskar sitzt auf einer Bank und trommelt unverdrossen – und ist doch nicht größer als die hier spielenden Kinder, die ihn ab und an mit Farbe beschmieren … 2015, in Grass' Todesjahr, wurde auch der Autor, der sich zu Lebzeiten stets ein Denkmal verbeten hat, auf die Bank gesetzt – die Bronzefigur hatte 15 Jahre in einem Magazin auf den Tod des Autors gewartet. Sie zeigt ihn mit Pfeife in der Linken, den Blick sinnend auf Oskar gerichtet. Auf dem rechten Schenkel ruht das aufgeschlagene »Tagebuch einer Schnecke«. Er hätte freilich auch geradeaus schauen können, denn in der Mitte eines Wasserspiels tanzt Tulla Pokriefke, die kaum weniger skurrile, gleichfalls aus Langfuhr stammende Hauptfigur des Romans »Im Krebsgang«.

Anfahrt: Tram 5, 9, 11, 11 bis Galeria Bałtycka, Stadtzug SKM bis Gdańsk Wrzeszcz
Infos: www.wrzeszcz.info.pl

Für alle, die weitere Orte kennenlernen möchten, die in den Werken des Autors beschrieben sind, bietet Ewa Konopko eine Führung an (T 507 25 64 95, www.stadtfuehrungdanzig.de/thementouren.htm). Und wollen Sie eine eher unbekannte Seite von Günter Grass kennenlernen, so besuchen Sie die **Gdańska Galeria Güntera Grassa** in der Rechtstadt (▶ S. 36)!

Die Kreuzritter in Danzig ›und umzu‹

Die deutschen Ordensritter, gestählt durch Kreuzzüge im Heiligen Land, waren auf Bitten eines slawischen Herzogs 1226 ins Land gekommen, um die Pruzzen mit Feuer und Schwert zu missionieren. Sie kamen und sie blieben: 1308 eroberten sie auch das multiethnische Dantzike und schufen sich einen straff organisierten Staat, aus dem Jahrhunderte später Preußen hervorgehen sollte.

Die Ordensritter führten expansive Kriege und bürdeten die hohen Kosten ihren Untertanen auf. Fakt ist aber auch, dass während ihrer Regentschaft Danzig zu einer florierenden Handelsstadt aufstieg und 1364 Mitglied der Hanse wurde. Als die Ritter 1410 in der größten Schlacht des Mittelalters vom polnisch-litauischen Heer geschlagen wurden, war ihre Aura der Unbesiegbarkeit freilich dahin. Und es dauerte nicht lange, bis sich auch Danzigs Bürger ihrer ungeliebten Herren entledigten. 1454 zerstörten sie ihre Burg, an die heute nur noch der Orstname Zamczysko (Schlossbezirk) erinnert. Höfische Pracht zeigt sich dagegen in Malbork, dem Hauptsitz der Ritter – heute ist ihre Burg an der Nogat UNESCO-Weltkulturerbe.

Große Mühle

Wielki Młyn 🕮 Karte 2, B/C 4
► S. 48

Schwanenbastei

Baszta Łabędź 🕮 Karte 2, D 4
In strategischer Position am Ufer der Mottlau errichtet, markierte der runde Backsteinturm den Eingang zum Burgbezirk der Ordensritter. Heute ist er der Hingucker am Fischmarkt und gab dem angrenzenden Hilton seinen Architekturstil vor.

Malbork

Marienburg 🕮 Karte 5, C/D 4
50 km südöstlich von Danzig bietet die Marienburg eine faszinierende Reise ins Mittelalter: Von 1309 bis 1457 herrschten von hier die Deutschen Ordensritter über ihren ›Gottesstaat‹. Sie ließen 10 Mio. Ziegel verbauen, um eine der gewaltigsten Burgen Europas zu erschaffen.
Die Besichtigung beginnt in der **Vorburg.** Durch eine mächtige Toranlage gelangt man in den **Innenhof des Mittelschlosses,** der von 80 m langen Gebäudeflügeln umschlossen ist. Im Ostflügel befindet sich eine fantastische **Bernsteinausstellung** – das Meisterstück ist ein kunstvoll gearbeiteter Altar. Der Westflügel beherbergt den ritterlichen Speisesaal, den **Großen Remter.** Er ist 30 m lang, 15 m breit und 9 m hoch. Gegliedert wird er durch drei rötliche Granitpfeiler, die kolossale, ineinander verschränkte Sterngewölbe tragen. An den Westflügel grenzt der **Hochmeisterpalast,** ein weit in Richtung Fluss ausgreifender Bau (1393–99). Mit seinen Strebepfeilern, Säulen und Haubentürmchen verkörpert er höfische Eleganz – nichts erinnert hier an jene klösterliche Askese, der sich die Ritterbrüder verschrieben hatten.
Beeindruckend ist auch der **Sommerremter,** der den Dichter Joseph von Eichendorff zu folgenden Worten hinriss: »Ein Aufenthalt von unbeschreiblich milder Heiterkeit, wo alles Gemeine sein Recht verliert.« Die beflügelnde Wirkung beruht auf einer ausgeklügelten, in Europa einmaligen Raumkonzeption: Gleich einem Baldachin spannt sich ein Palmengewölbe über die Decke und wird doch nur von einem einzigen schlanken Pfeiler in der Saalmitte

getragen – eine Herausforderung an die Schwerkraft, geschaffen von den besten Ingenieuren und Steinmetzen des Mittelalters. Die virtuose Konstruktion hat auch die Feinde des Ordens zu einer kühnen Tat animiert. Als einmal die gesamte Ordenselite unter Einschluss des Hochmeisters Heinrich von Plauen im Sommerremter versammelt war, versuchte ein Scharfschütze mit einem gezielten Schuss den saaltragenden Pfeiler zum Einsturz zu bringen. Hätte er getroffen, so wäre die Ritterschar unter dem einbrechenden Gewölbe begraben worden. Doch der Scharfschütze verfehlte sein Ziel: Die Kugel traf nicht den Pfeiler, sondern den Kamin – und ist darin noch heute verborgen.

Wo ein Sommerremter ist, darf ein **Winterremter** nicht fehlen: Er ist ähnlich grandios gestaltet, aber etwas kleiner als jener und hatte den Vorteil einer Fußbodenheizung (!). Bis heute haben sich hier mittelalterliche Malereien erhalten.

Durch ein weiteres Tor gelangen Sie ins **Hochschloss,** den ältesten und mächtigsten Teil der Anlage (1272–1300). Vier Gebäudeflügel mit Kreuzgängen flankieren einen quadratischen Innenhof; im Nordosten ragt ein Wach- und Glockenturm auf, heute ein beliebter Ausguck für die Besucher. In der Hochburg befand sich die Schaltzentrale des Ordens, von hier herrschte der Hochmeister mit seinen zwölf Getreuen über das Land – unverkennbar die Anlehnung an die zwölf biblischen Apostel.

Der Tagesablauf der Ritter war streng ritualisiert: Im Morgengrauen schritten sie durch das **Goldene Tor** in die **Marienkirche,** die heute als großartige ›lebendige Ruine‹ erhalten ist. Nach dem Gebet fanden sie sich im Kapitelsaal ein, um anstehende Regierungsgeschäfte zu regeln. Im Refektorium, dem Saal der Sieben Säulen, wurden die Mahlzeiten eingenommen; im Dormitorium verbrachten sie mit einem Kettenhemd bekleidet die Nacht – auf harter Pritsche und im Lichte von Fackeln. »Immer wachsam sein«, lautete das Motto der durch Kreuzzüge abgehärteten Ritter.

Anfahrt: Mehrmals am Tag fahren Züge ab Danzig Hauptbahnhof (Gdańsk Główny, www.rozklad-pkp.pl) nach Malbork; Fahrtzeit 1 Std.; mit dem Auto geht es auf der A1 bis Tczew, dann auf einer großartigen Eisenbrücke über die Weichsel und weiter auf Straße 22

Touristeninfo: Malbork Welcome Center, ul. Tadeusza Kościuszki 54, T 55 647 47 47, www.visitmalbork.pl, Mo–Fr 8–18, Sa/So 10–15 Uhr

Burg (Zamek): ul. Starościńska 1, T 55 272 26 77, www.zamek.malbork.pl, Innenhöfe tgl. 9–20, Museum Di–So 9–19, im Winter 10–15 Uhr, Einzelticket 10 € inkl. Audioguide oder Führung; Besichtigung auch individuell möglich

Dem ›Feinde‹ entgegen: hoch zu Ross und in historischem Gewand

Pause. Einfach mal abschalten

II

Wenige europäische Großstädte bieten so herrliche Strände wie Danzig. Westlich der Mottlaumündung, in Brzeźno, beginnt der Reigen der Playas (poln. Plaża), die sich 17 km bis Gdynia erstrecken: weiß und puderfein, vielerorts durch einen Grüngürtel vom Hinterland abgeschirmt. Kleine Warnung: Im Hochsommer sind die Strände rappelvoll!

Brzeźno

Brösen 🕮 Karte 4, B 2

An Danzigs ›Hausstrand‹ mit einer Seebrücke startet eine schattige Promenade für Fußgänger, Biker und Skater, die 10 km bis Sopot reicht. Hinter dem Strand liegt ein großer Park.

Anfahrt ab Zentrum mit Tram 3, Haltestelle Brzeźno

Jelitkowo

Glettkau 🕮 Karte 4, B 2

Schließt sich nahtlos an Brzeźno an.

Anfahrt mit Tram 2, 6, 8, Haltestelle Jelitkowo

Sopot

Zoppot 🕮 Karte 3, B 1–D 3

Der kilometerlange Paradestrand wird landeinwärts von einer mondänen Kulisse flankiert und geht ostwärts in eine wilde, naturgeschützte Küste über (► S. 71).

Orłowo/Redłowo

Adlerhorst/Redlauer Kämpe

🕮 Karte 4, A 1

Der schmalere Strand verläuft am Fuß bewaldeter Klippen – ein fantastisch wilder Flecken (► S. 73).

Mit Stadtzug SKM bis zum Bahnhof Gdynia Orłowo, dann weiter auf der ul. Orłowska; Anfahrt ab Sopot: Bus 31

Gdynia

Gdingen

🕮 Karte 4, A 1

Auf dem Hausstrand (Plaża Śródmieście) nehmen Beach-Volleyball und ein Kinderspielplatz viel Raum ein. Ein naturgeschützter Strand startet südlich der Promenade und erstreckt sich 5 km bis Redłowo.

Mit Stadtzug SKM bis zum Bahnhof Gdynia Główna

Achtung, schnell weg: Wildschwäne und Möwen räubern an Sopots Strand.

Danzig liegt am Wasser, deshalb kann man zu Schiffstouren aufbrechen, sich die Sonne aufs Haupt und die Meeresbrise um die Nase wehen lassen. Die zentralen Anlegestellen befinden sich an der Mottlau-Promenade, am Grünen Tor (Brama Zielona) und am Fischmarkt (Targ Rybny). Die Schiffe verkehren im Mai und September am Wochenende, von Juni bis August zusätzlich werktags.

Wasserstraßenbahnen

An der Mottlau-Promenade startet auch die Wasserstraßenbahn (tram wajwodny, einfache Strecke ab 2,50 €; Radmitnahme möglich). Nordwärts fährt sie zur Festung Weichselmünde, zur Westerplatte, zum Leuchttum in Nowy Port und weiter nach Sopot, Gdynia und Hel; ostwärts zum Strand von Stogi.

Ü
ÜBRIGENS

Östlich der Mottlaumündung können Sie splitternackt entspannen – eine Rarität im katholischen Polen! Der 6 km östlich des Zentrums gelegene Strand Stogi (Heubude) ist durch einen bewaldeten Dünengürtel von den dahinterliegenden Plattenbausiedlungen getrennt. Zwar ist er durch ein neues Container-Terminal im Westen etwas beschnitten, doch in Richtung Osten bietet sich ein schöner Blick auf die Tote Weichsel (www.plazastogi.pl, Anfahrt ab Danzig Zentrum: Tram 8 bis Plaża Stogi oder per Wasserstraßenbahn).

Bootsausflüge

Fast die gleichen Ziele bedienen auch die Ausflugsschiffe der Żegluga Gdańska (www.zegluga.pl, Ticket zur Westerplatte hin und zurück 12 €, Kinder bis 8 Jahre gratis). Etwa ebenso viel zahlt man für einen Ausflug im Piratenschiff (Statek Pirat, 15. Juni–31. Aug.). Aber vielleicht haben Sie auch Lust, die Alte

Danzig vom Kanu aus erleben

und die Neue Mottlau, den Mottlaukanal und die Tote Weichsel mit Hilfe eigener Muskelkraft zu erforschen? Wenn ja, so mieten Sie sich ein Kanu oder Kajak. Die Verleihstelle befindet sich an der Anlegestelle der Alten Vorstadt, wenige Gehminuten südlich des historischen Zentrums.

Kayak Żabi Kruk, ul. Żabi Kruk 15, T 58 305 73 10, www.kajakiempogdansku.pl und www.zabikruk.pl, Mitte April–Ende Sept. tgl. 10–18 Uhr, 2 Personen zahlen für eine Stunde 5 €

Bastionen im Grünen

Alte Vorstadt 🕮 B/C 8/9

Wollen Sie ins Grüne, ohne weit laufen zu müssen, machen Sie es den Danzigern nach und ziehen in den Süden der Alten Vorstadt (Dolny Miasto). Zwischen Leegetor (Brama Nizinna) und Steinschleuse (Kamienna Śluża) erhebt sich die Bastion Maidloch (Bastion Żubr): Ein Pfad führt auf ihren Gipfel, von dem Sie den im Zickzack angelegten grünen Festungswall mit dem gleichfalls im Zickzack angelegten Mottlauarm überblicken. Von den ursprünglich 14 Bastionen blieben nur wenige erhalten. Sie sind durch eine Allee verbunden, von der Sie die Niederung im Süden der Stadt überblicken – Bänke laden zu einer Verschnaufpause ein.

Dobranoc – »Gute Nacht« in Danzig!

Sie müssen nicht unbedingt im Hotel wohnen! Viele Danziger folgen dem internationalen Trend und vermieten Privatzimmer und -apartments. Zur Wahl stehen Patrizierhäuser in der Rechtstadt und historische Speicher am Fluss, schicke Bauhaus-Studios in Gdynia und Strandvillen in Sopot.

Das Komfortniveau reicht von der feinen Suite bis zum Stübchen mit Familienanschluss – für jeden Geschmack und Geldbeutel ist etwas dabei. Dazu erhalten Sie von den Gastgebern oft wertvolle persönliche Tipps. Fündig werden Sie unter www.airbnb.com, www.homeaway.com, www.wimdu.com, http://rent-apartments-in-gdansk.pl und www.apartamentygdansk.com.

In der Dreistadt gibt es neuerdings viele Hostels. Die privaten Herbergen kommen dem Bedürfnis junger bzw. jung gebliebener Reisender entgegen, die sich fragen: »Wozu viel Geld für eine Unterkunft ausgeben, wenn ich ohnehin den ganzen Tag unterwegs bin?« Meist werden sie von Polen geführt, die früher selbst viel gereist sind und deshalb wissen, was Traveller brauchen: ein gutes Bett und saubere sanitäre Einrichtungen, einen Raum fürs Miteinander und eine Gemeinschaftsküche, Schließfächer für die Wertsachen und Gratis-Internet. Außer gemischt-geschlechtlichen Vielbettzimmern bieten fast alle auch günstige Doppelzimmer mit eigenem Bad. Sie können unter www.hostelworld.com gebucht werden.

Historisches Ambiente inklusive: Hotel Gdańsk

ZUM SELBST ENTDECKEN

Polen reisen vorhersehbar: Am ersten Maiwochenende (Majówka) sowie in den Sommerferien (Juli/Aug.) machen viele Familien Urlaub an der Küste. Dann klettern die Preise nach oben und im Badeort Sopot ist es so gut wie unmöglich, spontan eine Unterkunft zu finden. Auch Danzig ist dann gut gebucht – rechtzeitige Reservierung ist während dieser Zeit zu empfehlen!

Preise: Die in diesem Buch angeführten Preise gelten, wenn nicht anders angegeben, für ein Doppelzimmer inkl. Frühstück (zzgl. Kurtaxe). Hotelpreise werden üblicherweise in Euro genannt, bezahlt wird aber meist noch in Złoty zum jeweils gültigen Tageskurs. Und noch eine gute Nachricht: Kinder übernachten oft kostenlos im Zimmer der Eltern.

Im ›Schauspielerhaus‹
Dom Aktora Karte 2, D 5

Haus und Name stammen aus sozialistischer Zeit, als hier ausschließlich Theaterleute übernachteten. Heute steht das ›Schauspielerhaus‹ allen offen. Die Einrichtung ist einfach, die Tapeten sind bunt und die Teppiche abgewetzt. Trotzdem ist das Haus mit seinen 13 kleinen Zimmern stets gut gebucht, weil man das Ambiente der stimmungsvollen Gasse in der Rechtstadt zu schätzen weiß.

ul. Straganiarska 55/56, Gdańsk, T 58 301 59 01, www.domaktora.pl, DZ ab 60 €

Historisches Bürgerhaus mit Prachtblick
Dom Schumannów Karte 2, C 6

Das schöne Haus liegt am Langen Markt gegenüber dem Rechtstädtischen Rathaus. Aus der einst einflussreichen Familie Schumann gingen fünf Danziger Bürgermeister, elf Ratsherren und vier königliche Burggrafen hervor. Die neun Gästezimmer befinden sich oberhalb der Touristeninformation in der zweiten und dritten Etage – einige, allen voran die Bürgermeister-Suite, bieten großartigen Blick auf den Langen Markt. WLAN ist gratis.

ul. Długa 45, Gdańsk, T 58 301 52 72, www.domschumannow.pl, DZ ab 75 €

Stilvoll am Jachthafen
Hotel Gdańsk E 6

4-Sterne-Hotel in einem rekonstruierten Kornspeicher am Jachthafen. Die 54 Zimmer, mit Eichenparkett und Holzbalken, sind mit Stilmöbeln eingerichtet, je nach Etage in Gold, Bordeaux, Orange oder Braun. Ans alte Danzig erinnern historische, oft großformatige Fotos. Dazu kommen 38 Zimmer im Anbau: mit Bullaugenfenstern und blauweißen Textilien von Windjammern inspiriert. Ein Spa lockt mit Feucht- und Trockensauna sowie eisiger Salzgrotte. Abends entspannt man in der hauseigenen Brauerei Brovarnia, die sich mit einer attraktiven Promenadenterrasse zum Hafen öffnet. In die Rechtstadt läuft man zehn Minuten, mit dem Shuttleschiff kommt man direkt zum Krantor.

Frühstück im Hotel Goldwasser

ul. Szafarnia 9, Gdańsk, T 58 300 17 17, www.hotelgdansk.com.pl, DZ ab 110 €

Pommersches Landidyll
Dwór Oliwski Karte 4, A 2

Ein Park und mittendrin ein Herrenhaus mit Reetdach: Der Gutshof aus dem 17. Jh. beherbergt ein Komforthotel mit 70 klassisch eingerichteten Zimmern – am schönsten wohnen Sie in Richtung Ententeich! Entspannung bietet ein Spa, dessen Hallenbad sich ins Grüne öffnet. Und besuchen Sie die Gartensauna, können Sie anschließend in den hauseigenen Bach springen! Zum Haus gehören außerdem ein gemütlicher Teeraum, eine Weinstube und ein gutes, hochpreisiges Restaurant.

ul. Bytowska 4, Oliwa, T 58 554 70 00, www.dworoliwski.pl, DZ ab 120 €

Beliebtes Hostel im Jugendstilhaus
George Karte 3, südl. B 3

Sieben Zimmer für 1–4 Personen im dritten Stock eines Jugendstilhauses. Das Fehlen eines Aufzugs mag als Manko empfunden werden, dafür genießt man – oben angekommen – einen herrlichen Ausblick. Küche und Bad werden gemeinsam genutzt, Kaffee und

P
PARKEN

Kommen Sie mit dem Auto nach Danzig, so prüfen Sie vorher, ob Ihr Hotel Parkmöglichkeiten bereitstellt – das historische Zentrum ist weitgehend verkehrsberuhigt!

Tee sind gratis. Das Auto kann an der Straße kostenfrei geparkt werden.
ul. Lipowa 16/7, Sopot, Mobil 518 44 00 50, http://hostelgeorge.eu, DZ ab 35 €

In Toplage – was will man mehr
Goldwasser Karte 2, D 5
Hier fühlt man sich wohl: gemütliches Hotel in einem historischen Giebelhaus an der Mottlau, nur wenige Schritte vom Krantor und mit Blick auf die vorbeifahrenden Schiffe und die Speicherinsel. Alle Räume sind als Suiten konzipiert und haben einen individuellen Charakter, sind ausgestattet mit Holzfußboden, einige auch mit Kamin, Himmelbett oder eigenem Balkon. Die Fenster sind perfekt isoliert, selbst am Wochenende ist guter Schlaf garantiert. Jedes Apartment hat Flachbild-Kabel-TV, WLAN ist schnell und gratis. Gefrühstückt wird *á la carte* – meist in dem mit goldenen Klimt-Motiven gestalteten Raum (1. Stock), im Sommer auf der Terrasse an und über der Mottlau.
ul. Długie Pobrzeże 22, Gdańsk, T 58 301 12 44, www.goldwasser.pl, Suite ab 100 €

Am Wasser
Hanza Karte 2, D 5
Das Hotel nahe dem Krantor fügt sich mit seinen schmalen Fassaden und Schaugiebeln harmonisch in die mittelalterliche Stadtsilhouette ein. Auch drinnen wird mit großformatigen historischen Ansichten die Stadtgeschichte zitiert. Es gibt 60 Zimmer, von einigen blickt man auf die Mottlau und vorbeifahrenden Schiffe. Flussblick bietet auch das zugehörige Restaurant.
ul. Tokarska 6, T 58 305 34 27, Gdańsk, www.hotelhanza.pl, DZ ab 130 €

Mit Glockengeläut
Kamienica Gotyk Karte 2, C 6
Das ›gotische Haus‹ stammt aus dem Jahr 1451 und liegt am Westende der Mariengasse. Die 7 Gästezimmer haben ursprüngliche Stilelemente, ein Besucher sprach zutreffend von einem »Mix aus Gotik und Ikea«. Laut Legende trafen sich im Haus (heimlich) Kopernikus und die auf dem früheren 5-DM-Schein abgebildete Kaufmannstocher Anna Schilling.
ul. Mariacka 1, Gdańsk, T 58 301 85 67, www.gotykhouse.eu, DZ ab 70 €

Kein Luxus, aber viel Licht
Lux Apartamenty Karte 2, D 5
Über die dunkle Hintergasse treten Sie ein, wenig später genießen Sie den herrlichen Blick auf den Fluss: Die vier Apartments sind hell und freundlich-modern eingerichtet. In der Küchenzeile können Sie sich Ihr Frühstück vorbereiten – oder Sie essen, ein paar Schritte entfernt, im ›Goldwasser‹ oder ›Baryłka‹.
ul. Długie Pobrzeże 15, Gdańsk, Mobil 698 37 29 23, Apartement ab 45 €

Im skandinavischen Stil
Mera Spa Hotel
Karte 3, südl. C 3
Nur die Promenade trennt das Viersternehotel vom Strand. Vom polnischen Stararchitekten Czesław Bielecki entworfen, setzt es auf Naturmaterialen und klare Formen. Alle 145 Zimmer haben Fußbodenheizung, Gäste erhalten eine Strandtasche mit Bademantel, Strandtuch und Slipper. Das WLAN funktioniert hervorragend. Im Preis inklusive ist die Benutzung des weitläufigen, sich zum Strand öffnenden Spas mit Thermalbad, Innen- und Außen-Whirlpools, Saunalandschaft sowie aussichtsreichem Open-Air-Bad auf dem Dach. Die professionell geführte Wellness-Abteilung gehört zu den größten im Baltikum. Das Frühstücksbüfett ist hervorragend, bei schönem Wetter kann man draußen essen.
ul. Bitwy Pod Płowcami 59, Sopot, T 58 766 60 00, www.meraspahotel.pl, DZ ab 110 €

In Gdynia ›am Meer‹

Nadmorski Karte 4, A 1
Mittelklassehotel südlich des Zentrums von Gdynia mit 90 Zimmern und Blick auf die Danziger Bucht. Fuß- und Radwege starten direkt vor dem Haus und verlaufen längs der Küste. Tennisplätze, ein kleines Wellnesscenter und ein gutes Restaurant runden das Angebot ab. Gutes Frühstücksbüfett!
ul. Ejsmonda 2, Gdynia, T 58 667 77 77, www.nadmorski.pl, DZ ab 140 €

In einer ruhigen Gasse

Neptun Karte 2, C/D 6
Aparthotel in zentraler Lage, nur eine Minute läuft man zum Langen Markt. Die 36 geräumigen Zimmer haben einen Tee- und Kaffeekocher, einige auch eine Kitchenette. Die Rezeption ist rund um die Uhr besetzt. Gratis: Parkplatz und WLAN.
ul. Grząska 1, Gdańsk, Mobil 604 46 64 66, http://apartneptun.com, DZ ab 60 €

Klein und fein

Podewils D 5
Rokoko-Palais aus dem frühen 18. Jh. am Jachthafen. Mit Antiquitäten, schweren Vorhängen und Marmorbädern erinnern die 10 Zimmer an Danzigs ›goldene Zeit‹. Mit gutem Frühstück, kleiner finnischer und türkischer Sauna. Der angrenzende Parkplatz ist bewacht.
ul. Szafarnia 2–3, Gdańsk, T 58 300 95 60, www.podewils.pl, DZ ab 90 €

Modern mit Tradition

Sofitel Grand Sopot Karte 3, B 1
Das 1926 im Art-deco-Stil erbaute Hotel beschwört jene Zeiten herauf, als sich hier der Adel ein Stelldichein gab. Das Haus hat noch immer seine prächtigen Fassaden und ein Foyer mit monumentaler Spiraltreppe. Komplett neu designt wurden die in Naturfarben gehaltenen Zimmer, fast alle mit Meerblick. Dazu gibt es ein sehr gutes Frühstücksbüfett und ein kleines, aufs Meer ausgerichtetes Spa. Die Gäste haben einen eigenen Strandbereich mit Liegen und Sonnenschirmen.
ul. Powstańcow Warszawy 12–14, Sopot, T 58 520 60 00, www.sofitel.com, 127 Zimmer und Suiten, DZ ab 150 €

Unkompliziert

Stay Inn Hotel Karte 2, C 6
Das Hotel liegt zentral gegenüber der Marienkirche, die 28 modernen Zimmer verfügen über einen Tee- und Kaffeekocher, eines auch über Balkon. Gern besucht man die Dachterrasse mit Blick auf die Marienkirche. Das Frühstück im Restaurant Mono muss nicht notwendig mitgebucht werden.
ul. Piwna 28/31, Gdańsk, T 58 354 15 43, www.stayinngdansk.com, DZ ab 100 €

Skandinavisch inspiriert – das Design im Mera Spa Hotel

Anything goes! Sushi, Strandlust, Streetfood

Das Informelle blüht. Vor allem Bistro-Bars haben großen Zulauf. Egal ob sie Szynk (Schänke), Przekąski (Imbiss) oder Zakąski (Häppchen) heißen – ihr Erfolgsrezept ist stets gleich. Für einen geringen Preis wird ein hochprozentiger Shot serviert, z. B. ein Gläschen Wodka, und für die gleiche Summe gibt's ein Häppchen dazu, etwa marinierten Hering, Lachsröllchen oder ein Kanapee.

Neuerdings pilgern Danziger auch gern zu Food Trucks. Diese oft witzig gestylten Lieferwagen stehen an wichtigen Straßen und versorgen hungrige Gäste von früh bis spät mit einfacher Küche. Mehr als drei Dutzend Food Trucks gibt es mittlerweile in der Dreistadt und mit jeder Saison kommen neue dazu. Muka Bar z. B. bietet Veganes, während Surf Burger Fleisch serviert; Kultowe Zapiekanki setzt auf den Imbiss-Klassiker Zapiekanka (überbackene Baguette-Hälfte). Die Wagen stehen jeden Tag woanders, weshalb es sich empfiehlt, über http://myfoodtruck.pl ihren aktuellen Standort abzurufen. Stets finden Sie einige Food Trucks am Plac Dominikański an der Martkhalle in der Altstadt.

Wer ›richtig‹ essen will, hat in der Dreistadt die Qual der Wahl. Fast alle Küchen der Welt sind vertreten, ohne dass die Popularität der polnisch-pommerschen Kost gelitten hätte. Die Polen sind traditionell Fleischesser, doch an der Küste ist naturgemäß auch Fisch angesagt.

Die Jugend flirtet, der Pensionär schaut zu, alle treffen sich in der Bar Mleczny, den polnischen Volksküchen.

ZUM SELBST ENTDECKEN

Preise: Die Kosten fürs Essengehen schwanken enorm: In der Milchbar (► S. 92) sowie in anderen Selbstbedienungslokalen werden Sie für wenig Geld satt. Und verzichten Sie auf Fisch und Fleisch und halten sich an Teiggerichte, Suppen und Salate, kann man auch in mittelpreisigen Restaurants mit weniger als 10 € davonkommen. Für ein nach polnischem Maßstab ›richtiges‹ Essen – dreigängig und mit Fisch oder Fleisch – zahlen Sie um die 15–25 €.

Öffnungszeiten: Nur in wenigen Lokalen gibt es Ruhetage, fast immer öffnen die Restaurants um 12 Uhr und schließen gegen 23 Uhr bzw. »wenn der letzte Gast gegangen ist«.

SO BEGINNT EIN GUTER TAG IN DANZIG

Einen Moment bitte!

Chwila Karte 4, A 1

Für einen Moment *(chwila)* ist das Café im Erdgeschoss der Infobox (► S. 77) immer gut. Hier werden Brot und Blätterteigstücke, Quiches und Pizzen gebacken, Frühstücksgedecke und gute Sandwiches arrangiert. Im verglasten Obergeschoss öffnet ein informeller Grill.

ul. Świetojańska 30, Gdynia, www.chwilamoment.com.pl, Mo–Fr 7.30–18, Sa/So 8.30–18 Uhr

Lounge-Ambiente

Mon Balzac Karte 2, C 6

Nackte Backsteinwände, dazu warme Rot- und Brauntöne, World- und Jazzmusik, Balzac-Bücher im Regal – all das wirkt entspannend. Vormittags gibt's mehrere gute Frühstücksgedecke, für den kleinen Hunger zwischendurch Sandwiches und französisch inspirierte Desserts, abends sind die Fondue-Variationen der Renner.

ul. Piwna 36–39 / Ecke Kramarska, Gdańsk, T 58 682 25 25, www.monbalzac.pl, tgl. 8–24 Uhr

Nicht nur Schokolade

Pijalnia Czekolady Wedel

Karte 3, B 3

›Schoko-Trinkstube‹ heißt der Name übersetzt und gehört zum Imperium des traditionsreichen polnischen Confiseurs Wedel. Hier können Sie fein frühstücken und sich im späteren Verlauf des Tages vielleicht mit handgemachten Pralinen verwöhnen?

ul. Bohaterów Monte Cassino 36, Sopot, www.wedelpijalnie.pl, tgl. 9–22 Uhr

Freundlich und charmant

Retro Café Karte 2, B 5

Das große Bistro-Café ist mit plüschigen Sofas und Sesseln im Retro-Stil gemütlich eingerichtet, auch eine Terrasse gibt es. Das Café ist mittlerweile so beliebt, dass man bei den Bestellungen mit kleinen Wartezeiten rechnen muss. Vormittags locken üppige Frühstücksgedecke, ab Mittag originelle hausgemachte Kuchen und Torten, z. B. Schoko-Buchweizen mit Blaubeeren. Später am Tag locken eigene Limonaden und vor allem Smoothies.

Kalorienbombe im Sowa

ul. Piwna 5–6, Gdańsk, Mobil 58 21 79 65, tgl. 10–23 Uhr

Einheimischen-Treff

Sowa Karte 2, B 6

Die Konditorkette erfreut sich in ganz Polen großer Beliebtheit, allein in der Dreistadt gibt es zehn Filialen. Die schönste befindet sich in der Danziger Langgasse, wo Sie auch auf der aussichtsreichen Terrasse Platz nehmen können. Zum Frühstück können Sie zwischen Pikantem und Süßem wählen, dazu ein frisch gepresster Saft, Kaffee und Tee – und Sie sind fit für den Tag! Der Grund für Sowas Popularität: Pralinen, Torten, Kuchen und Eis werden in Eigenregie aus guten Zutaten hergestellt, wobei an Sahne und Butter nicht gespart wird. Präsentiert werden die Kalorienbomben in modern-schnörkellosem Ambiente. Für Klarheit sorgt auch die Bezahlung – jedes Stück wird nach Gewicht abgerechnet.

ul. Długa 13–17, Gdańsk, www.cukiernia-sowa-gdansk.pl, tgl. 9–21 Uhr

M MILCH-BARS

Unschlagbar günstig sind **Milchbars** (Bar Mleczny), subventionierte Volkskantinen, die sich aus sozialistischer Zeit in die Gegenwart gerettet haben. Lassen Sie sich vom Namen nicht verwirren, denn in der Milchbar gibt's keine Milch, sondern deftige polnische Hausmannskost! In keinem anderen Lokal haben Sie mehr Tuchfühlung zur ›normalen‹ Bevölkerung: Studenten sitzen neben Professoren, Angestellte neben Arbeitern und Hausfrauen neben Pensionären. Auf einer großen Tafel steht geschrieben, was es gibt. Stets mit von der Partie sind *żurek* (Roggenmehlsuppe) und *barszcz* (Rote-Beete-Suppe), *pierogi* (Teigtaschen) und *bigos* (gedünstetes Sauerkraut), *rolada wołowa* (Rinderroulade) und *gołąbki* (gefüllte Kohlrouladen). Sie bestellen das Gewünschte, schieben die dampfenden Gerichte zur Kasse und suchen sich dann einen Platz. Die besten Adressen:

Bar Mleczny Neptun: Karte 2, C 6, ul. Długa 33/34, Gdańsk, T 58 301 49 88, http://barneptun.pl, Mo–Fr 7.30–20, Sa/So 10–19 Uhr

Bar Mleczny Estragon (Vegebar): Karte 2, B 6, ul. Długa 11, Gdańsk, Mo–Fr 10–20, Sa/So 11–19 Uhr

Bar Mleczny Turystyczny: Karte 2, C 5, ul. Szeroka 8, Gdańsk, www.barturystyczny.pl. 8–18, Sa/So 9–17 Uhr

TYPISCH POLNISCH

Opulent

Gdańska Karte 2, C 5

Das traditionsreiche Lokal in der Heiliggeiststraße wirkt mit seinen von der Decke hängenden Schiffsmodellen, den prunkvollen Ölgemälden, Spiegeln und Kerzenlüstern fast museal. Es bietet gute altpolnische Küche, zur Jagdzeit auch frisches Reh und Wildschwein.

ul. Św. Ducha 16, Gdańsk, T 58 305 76 71, http://gdanska.pl, tgl. 12–23 Uhr, Hauptgerichte ab 8 €, mittags auch preisgünstige Menüs

Trendig kaschubisch

Kubicki Karte 2, D 4

Mit der Aufhübschung des Fischmarkts hat sich auch das alte, 1918 eröffnete Kubicki gewandelt. Von den Ziegelsteinen über die Kronleuchter bis zu den Polstersitzen wurde alles Traditionelle trendig aufbereitet. Nur die Vitrine am Eingang, in der die bei Danzigern begehrten kaschubischen Aspikgerichte stehen, blieb erhalten. Und wie das Ambiente, so die Küche: Zu den erstklassigen Regionalgerichten gehören pikante, im Weckglas servierte Fischsuppe, Heringstatar, Gemüsepiroggen mit Fischfüllung und Wildschwein in Pflaumensoße. Bei schönem Wetter sitzt man auf der großen Terrasse am Fluss.

ul. Wartka 5, Gdańsk, T 58 301 00 50, http://restauracjakubicki.pl, tgl. 12–22 Uhr, Hauptgerichte ab 10 €

Piroggen in Hülle und Fülle

Pierogarnia Mandu Karte 4, A 2

»Füllung und Teig«, meinen die Besitzer, werden »nur durch unsere Fantasie« begrenzt. Im derzeit beliebtesten Lokal von Oliwa (außerhalb des Parks nahe der Tram-Haltestelle) gibt es Piroggen aus aller Herren Länder. Einige sind süß mit Schoko-Creme, Banane oder Heidelbeeren, andere herzhaft-deftig, mit Wildschwein- oder Hühnchenfleisch gefüllt. Vegane Piroggen gibt es selbstverständlich auch, die namenspendenden Mandu-Piroggen stammen aus Südkorea. Da alles frisch ist, der Teig vor den Augen der Gäste ausgestochen, dann gefüllt und ins brodelnde Kochwasser geworfen wird, ist mit Wartezeiten von bis zu 30 Minuten zu rechnen, nur Suppen und Salate kommen schneller. Das Lokal ist von der Danziger Altstadt in einer halben Stunde mit Tram 6, 11 und 12 erreichbar.

Der polnische Klassiker: pierogi, unterschiedlich gefüllte und gekochte Teigtaschen

ul. Kaprów 19-D (Eingang ul. Obronców Westerplatte), Oliwa, T 58 340 55 44, http://pierogarnia-mandu.pl/de, tgl. 11–21 Uhr, Preise ab 4 €

Zum Wildschwein

Pierogarnia U Dzika Karte 2, C 5

Piroggenfreunde werden auch in der Rechtstadt fündig: In der Piroggenstube ›Zum Wildschwein‹ sind die Wände mit Fell tapeziert, auf der Karte stehen alle erdenklichen Teigtaschenvariationen, ganz oben jene, die mit Wild gefüllt sind. Gemütlich und preiswert, daher bei den Danzigern beliebt.

ul. Piwna 59/60, Gdańsk, T 58 305 26 76, www.pierogarniaudzika.com, tgl. 12–22 Uhr, Hauptgerichte ab 4 €

WO ESSEN AUF NACHHALTIGKEIT TRIFFT

Gut & gesund

Bioway Karte 2, B 4

Mit vier Filialen beweist die kleine Kette, dass Veggie- und Vegan-Gerichte auch im fleischlastigen Polen auf dem Vormarsch sind. Die Besitzer legen Wert auf saisonale Zutaten der Region, die sie so schonend verarbeiten, dass ihr Eigengeschmack erhalten bleibt. Besonders empfehlenswert sind die wechselnden, preiswerten Tagesmenüs, die hausgemachten Kuchen und die frisch gepressten Fruchtsäfte. Im Sommer mit nettem Café.

ul. Wały Jagiellońskie 34, Gdańsk, T 58 301 70 41, www.bioway.pl, tgl. 8–21 Uhr, Gerichte ab 2 €

Der Pionier

Green Way Food for Life

Karte 3, B 2

Mit vegetarischen Gerichten aus frischen Zutaten – und dies zu günstigem Preis – wurde Greenway in Polen eine erfolgreiche Gastrokette. Auch in Sopot ist sie vertreten, zentral auf der Flanierstraße Monciak. Hier finden Sie Gemüse-Falafel und Quiches, gefüllte Samosas, Gemüsetorten und Soja-Koteletts, aber auch Polnisches wie warme und kalte Rote-Beete-Suppe *(barszcz/chłodnik)* sowie die Aufläufe und unterschiedlich gefüllten Teigtaschen *(pierogi)*. Achten Sie auf die Tagesgerichte!

ul. Bohaterów Monte Cassino 47, Sopot, T 58 340 47 23, www.greenway.pl, tgl. 10–20 Uhr, Gerichte ab 3 €

Schräger Veggie

I Krowa Cała Karte 4, A 1

›Und die ganze Kuh‹ heißt der Lokalname übersetzt. Nichts könnte

missverständlicher sein, denn hier gibt es ausschließlich vegane Burger, Tacos und Sandwiches, serviert in trendigem Kantinen-Ambiente. Das Brot ist aus Graham-Sauerteig, das Gemüse kommt von lokalen Bauern und die Soßen sind hausgemacht. Es lebe der Pilz- und Sauerampfer-Burger! So bleibt »nicht nur die Kuh glücklich und gesund, sondern auch der Mensch«. Dazu trinkt man hauseigene Limonaden und Smoothies.
ul. Dworcowa 11, Gdynia, T 665 78 20 25, www.ikrowacala.pl, Mo-Sa 11–21, So 12–20 Uhr

SZENETREFFS

Toll zum Sonnenuntergang
Barracuda Karte 4, A 1
Durch Panoramafenster schaut man auf die Danziger Bucht und genießt die frische Meeresküche. Gelungen ist auch das moderne Ambiente mit maritimem Dekor.
Bulwar Nadmorski 10, Gdynia, T 58 620 80 00, www.barracuda.net.pl, 12–23 Uhr, Hauptgerichte ab 8 €

Kultig
Błękitny Pudel Karte 3, B 2
Sympathisch-bunter Treff auf Sopots Flaniermeile – ideal für Kaffee & Kuchen oder einen abendlichen Cocktail. In einem polnischen Prospekt war zu lesen: »Jeder, der es in seiner Kindheit geliebt hat, auf dem Dachstuhl von Oma Mäuschen zu spielen, quietschende Schränke zu öffnen und verfilzte Hüte aus den 1930er-Jahren anzuprobieren, findet hier eine einladende Haltestelle.«
ul. Bohaterów Monte Cassino 44, Sopot, T 58 551 16 72, www.blekitnypudel.pl

Szenig in der Langgasse
Café Ferber Karte 2, B 6
Das rot gestylte Café spielt mit Danziger Traditionen: überdimensionale Gesichter der reichen Ferbers mit Rüschen und Stehkragen blinzeln von der Wand, dazu erklingen Pop, Beat und Chillout. Tagsüber fungiert das Ferber als Café mit Frühstücksgedecken, gutem Kuchen und *light lunch*, abends mutiert es zu einer hippen Bar. Von früh bis spät beliebt ist die Terrasse zum Sehen und Gesehenwerden.
ul. Długa 77–78, Gdańsk, www.ferber.pl, tgl. 9–22 Uhr

Leicht skurril
Café Factotum Karte 2, C 5
Alte Schreibmaschinen, flimmernde Monitore, dazu ein schwarz-weißes Design – hier lässt man sich gern nieder, um Mascarpone-Käsekuchen und dazu eine Tasse Kaffee oder Schokolade zu genießen.
ul. Św. Ducha 8/10, Gdańsk, www.cafefactotum.pl, Di–So 12–22 Uhr

Gelage an einer Fassade in der Langgasse

Frisch & fröhlich

Fajne Baby Karte 2, C 5

Fajne baby heißt so viel wie ›feine Weiber‹ und zugleich ›feine Kuchen‹. Wären die Besitzer keine Frauen, würde ihnen manch ein Ausländer Sexismus vorwerfen. Aber in Polen stört sich niemand daran, *politically correct* will kaum einer sein … Die ›Weiber‹ betreiben ihren kleinen Laden mit Schwung: Im langen Tresen sind knallbunte Küchlein mit Häubchen in Reih und Glied aufgereiht, die Sie vor Ort verzehren oder mitnehmen können. Die *kapkejki* (so die polnische Schreibweise) werden – laut Besitzerinnen – allmorgendlich aus Naturmehl, Butter, Frischkäse, Eiern und echter Vanille von Hand geformt und gebacken, wobei keine künstlichen Farb- und Konservierungsstoffe zum Einsatz kommen.

ul. Świętojańska 70–71, Gdańsk, Mobil 798 40 40 68, www.facebook.com/FajneBaby/info, tgl. 10–20 Uhr, ab 3 €

Gelungener Abend

Fellini Karte 2, D 4

Das kleine Restaurant am Fischmarkt wirkt mit viel Edelholz und weich gepolsterten Sitzen wie der intime Salon Frau Zaleskas, der Besitzerin. Die Küche steigert das Wohlbefinden noch: Frische, erstklassige Zutaten werden so fantasievoll arrangiert, dass ein angenehmer Nachklang bleibt. Baltischer Butt zergeht auf der Zunge wie Butter, die Tigergarnelen sind in Zitronengras-Ingwer-Kokosmilch gebadet. Und probieren Sie unbedingt die hausgemachten Desserts!

Targ Rybny 6, Gdańsk, T 58 719 76 20, http://restauracjafellini.pl, tgl. 12–22 Uhr, Hauptgerichte ab 9 €

Land-Gasthaus

Karczma Irena Karte 3, B 3

Decke, Boden, Tisch und Stuhl – alles ist aus Holz im Stil einer *karczma*, einem Landgasthaus nachempfunden. Dazu passt die traditionelle polnische Küche mit Eisbein und Piroggen, Roggenmehlsuppe und Fisch vom Grill.

ul. Chopina 36, Sopot, T 58 551 20 73, www.pensjonat-irena.com, 13–23 Uhr, Hauptgerichte ab 6 €

Gemütlich am Löwenbrunnen

Kawiarnia Filmowa w Starym Kadrze Karte 2, C 5

Nostalgisches kleines Café im Schatten der Marienkirche. Mit gemütlichen Sesseln, Bücherregalen und Familienfotos an der Wand erscheint es wie ein privates Wohnzimmer. Mehrmals täglich werden im »alten Kasten« *(w starym kadrze)*, einem Hinterzimmer mit nur zwölf Plätzen, internationale Filme im O-Ton gezeigt. Sehr beliebt, deshalb bitte rechtzeitig reservieren! In Sommer öffnet eine Terrasse.

ul. Grobla 3–4, Gdańsk, http://wstarymkadrze.pl, 12–22 Uhr

Am Ende der Mole

Meridian Molo Karte 3, D 1

Es wirkt wie ein auf der Mole gestrandeter Luxusdampfer und bietet nach allen Seiten einen schönen Blick auf die Danziger Bucht. Ob ein kühles Bier, Kaffee & Kuchen, Hawaii-Toast oder Lachs-Carpaccio – hier sorgt die Meeresbrise für Würze!

Molo, Sopot, T 58 345 25 25, www.meridianmolo.pl, 11–22 Uhr, Snacks ab 5 €, Hauptgerichte ab 9 €

Mehr als nur ein Vorspiel

Prologue D/E 4

An der Flusspromenade jenseits des Fischmarkts sitzen Sie modern-rustikal an einem blanken Holztisch in einer Backsteinnische, die offene Küche gleich nebenan. Vorneweg gibt's hausgemachtes Brot mit Butter, danach wählen Sie Frisches von der schwarzen Tafel – feine polnische Fisch- und Fleischküche ist hier angesagt.

ul. Grodzka 9 / ul. Warka s/n, Gdańsk, T 58 526 59 09, 13–22 Uhr, Hauptgerichte ab 10 €

Informell

The Red Inn Karte 2, C 5

Dank der 7 m hohen Wände und Fenster wirkt das Lokal größer als es ist, für Frische sorgen die Rottöne *(czerwone)*. Die lässige Atmosphäre wird durch abendlichen Live-Jazz akzentuiert, die Küche ist überwiegend polnisch-boden-

ständig; auch wer nur auf Kaffee und Kuchen vorbeikommt, ist willkommen.
ul. Piwna 52, Gdańsk, T 58 301 57 64, www.reddoor.gd.pl, tgl. ab 10 Uhr, Hauptgerichte ab 6 €

Mit Sommergarten

Sempre Pizza & Vino Karte 3, C 2
Pasta gab es beim letzten Besuch nicht, dafür aber sehr gute Pizza und – für polnische Verhältnisse – erstaunlich preiswerten Wein. Das Highlight ist der Biergarten am Rand eines kleines Parks; drinnen bietet der Wintergarten die schönsten Sitzplätze.
ul. Grunwaldzka 11, Sopot, T 58 341 91 78, www.semprepizza.pl, 13–22 Uhr, Hauptgerichte ab 4 €

Am Fluss

Tawerna Karte 2, C/D 6
Die Bar ist der Form eines Schiffsrumpfs nachempfunden, Gemälde zeigen Windjammern in Seenot. Gut schmeckt die oft mit Wachteleiern im ausgehöhlten Brotlaib servierte Roggenmehlsuppe *(żurek staropolski)*. Das Lokal liegt nur einen Steinwurf vom Langen Markt entfernt; im Sommer ist eine Terrasse am Fluss geöffnet.
ul. Powroźnicza 19–20, Gdańsk, T 58 301 41 14, www.tawerna.pl, Hauptgerichte ab 8 €

Nicht nur für Schriftsteller

Wine Bar Literacka Karte 2, C 5
Der ehemalige »Schriftstellerclub« in einem historischen Haus der Frauengasse ist nun eine kleine, feine und verwinkelte Weinbar, die sich über drei Etagen erstreckt und auch zu einem romantischen Essen einlädt. Die Küche ist vielseitig, Ravioli mit Ricotta finden Sie hier ebenso wie altpolnisches Wildschweinfilet, aber auch originelle Salate. Kosten Sie den einheimischen polnischen Wein bei leiser Hintergrundmusik – nebst einer Vielzahl von Tropfen aus anderen Ecken der Welt. Mehr als 40 Weine darf man auch glasweise bestellen – Wodka gibt es selbstverständlich auch. An warmen Abenden macht es Spaß, auf die Terrasse zu gehen und das Treiben in der Mariengasse zu beobachten …
ul. Mariacka 50/52, Gdańsk, Mobil 500 43 14 51, http://literacka.wix.com/literacka, Mo–Do 13–23, Fr–So 12–23 Uhr, Hauptgerichte ab 9 €

EXPERIMENTIERFREUDIG UND UNGEWÖHNLICH

Asiatisch inspiriert

Avocado Karte 3, B 2
Das Restaurant im Kurhaus läuft nach einer Schwächephase wieder zu alter Stärke auf. Die Köche bereiten die Gerichte mit viel Gemüse und Kräutern zu, das oberste Gebot ist Frische. Hummer und Austern werden aus dem hauseigenen Aquarium gefischt, lecker schmecken auch Sushi und Sashimi sowie das Rinderfilet mit Wasabi. In der warmen Jahreszeit kann man auf der Terrasse wunderbar entspannen.
Pl. Zdrojowy 1, Sopot, T 58 585 83 28, www.avocado-sopot.pl, tgl. 13–23 Uhr, Hauptgerichte ab 9 €

Slow-Food-Zeremonie

Metamorfoza Karte 2, C 5
Wohl kaum ein Restaurant in der Region setzt so konsequent auf lokale Produkte und stellt fast alles selber her (Inklusive Brot, Butter, Käse, Wurst und Essig). Je nach Saison zaubert Chefkoch Łukasz Toczek neue, ausgefallenen Degustationsmenüs (3 bis 9 Gänge), die je nach Wunsch von Top-Weinen oder hausgemachten nichtalkoholischen Getränken begleitet werden. Die Präsentation ist eine Augenweide, der Service perfekt – und auch die elegante Einrichtung mit Kristalllüstern und viel Naturholz stimmt auf einen ungewöhnlichen Abend ein!
ul. Szeroka 22/23, Gdańsk, Mobil 725 00 50 06, www.restauracjametamorfoza.pl, Di–So 16–22 Uhr, Hauptgerichte ab 10 €

Den Köchen auf die Finger geschaut

U Kucharzy Karte 3, B 2
Die Gäste sitzen auf Barhockern an einer Theke, die im Rechteck rings um die offene Küche gezogen ist. Das verschafft nicht nur Ausblick auf die Köche, sondern auch Nähe und Gemütlichkeit. Es gibt eine Handvoll täglich wechseln-

der polnischer Klassiker, frischen Fisch kann man sich beim Filetiermeister aussuchen. Immer gut: Beefsteak-Tartar und marinierter Lachs, die herzhafte Fischsuppe und die hausgemachten Desserts, die auf einem Wägelchen vorgefahren werden.

ul. Bohaterów Monte Cassino 60, Sopot, T 58 554 14 76, www.gessler-sopot.pl, tgl. 13–23 Uhr, Hauptgerichte ab 8 €

Mit künstlerischem Anspruch

Sztuczka Karte 4, A 1

Klein und fein, etwas versteckt an Gdynias Hauptstraße. Hier wird Polnisches jenseits des Mainstream serviert. Egal was Sie bestellen, ob Cremesuppe von gerösteter Roter Beete, karamelisierte Hühnchenleber oder Zanderfilet mit Pilz-Tartar – alles ist ein Erlebnis für Auge und Gaumen!

ul. Abrahama 40 (Eingang ul. Władysława IV), Gdynia, T 58 622 24 94, www.sztuczka.com, 12–22 Uhr, Mittagsmenü Mo–Sa 12 €, Hauptgerichte ab 9 €

Zum Verlieben

Sopot 793 L'Entre Villes

Karte 4, A 2

In diesem aufwändig restaurierten Palazzo nördlich des Zentrums fühlen Sie sich in andere Epochen versetzt – ein magischer Ort! Über einen Kiesweg, vorbei an einem Wasserspiel, geht's ins Innere, wo Sie zwischen einem Prachtsalon, einem Wintergarten und einer Bodega wählen können. Die Küche bietet modern interpretierte polnische Küche, gleichermaßen exquisit sind Fleisch und Fisch. Probieren Sie einmal das Tintenfisch-Garnelen-Carpaccio, das Pilz-Risotto oder soll's doch lieber Entenbrust in Rosmarinsoße sein?

al. Niepodległości 793, Sopot, T 58 717 37 37, www.entrevilles.pl, 12–22 Uhr, Hauptgerichte ab 7 €

Fisch vom Feinsten

Targ Rybny Karte 2, D 4

Das Lokal am Fischmarkt ist rustikal-maritim inspiriert, hier wird die alte kaschubische Kultur wiederbelebt. Über knarrende Dielen gelangen Sie zu gemütlichen Sitzecken, wo Sie es sich bequem machen können. Lecker sind die Suppen, z. B. mit Lachs, Forelle oder Flusskrebs. Garantiert frisch ist der Fisch, den Sie sich in der Vitrine aussuchen können. Aber auch das Fleisch kann sich sehen lassen: Lady-, Chateaubriand- und T-Bone-Steaks werden auf Teakholz-Tellern mit Ofenkartoffel und Sourcreme serviert. Im Sommer sitzt man auf der Terrasse, drinnen ist es besonders schön am Abend, wenn das Kaminfeuer prasselt.

Targ Rybny 6-C, Gdańsk, T 58 320 90 11, www.targrybny.pl, 12–23 Uhr, Hauptgerichte ab 9 €

Żurek: die schlesische Sauermehlsuppe schmeckt würzig-pikant.

Kaufrausch – Szopink über alles!

Von Armani bis Zara finden Sie in der Dreistadt dieselben Marken wie in unseren Metropolen. Mehr als ein halbes Dutzend großer Einkaufszentren lockt kauflustige Polen an. Da sie auch sonntags öffnen, hat der Klerus zu einem »Kreuzzug gegen den Konsumwahn« ausgerufen – doch die Lust am szopink (polonisiert für Shopping) lassen sich die Polen selbst von der katholischen Kirche nicht nehmen.

Die Zentren sind so dominant, dass sie kleineren Läden das Wasser abzugraben drohen. Immerhin konnten sich in der historischen Recht- und Altstadt – auch dank der vielen ausländischen Besucher – originelle Geschäfte erhalten.

Berühmt ist Danzig für sein Bernstein – 8000 Danziger schleifen jedes Jahr 200 Tonnen Bernstein und bieten ihn zum Verkauf! Während einige Schmuckgalerien den traditionellen Geschmack bedienen, sind andere längst zu neuen Design-Ufern aufgebrochen. Wer hundertprozentig sicher sein will, baltischen Bernstein und kein Imitat zu erwerben, kauft in zertifizierten Läden der Danziger Bernsteinkammer (KIGB), erkennbar an der entsprechenden Plakette. Für Sicherheit sorgt auch die Internationale Bernstein-Vereinigung, die ihre Mitglieder stichprobenartig überprüft. Es mag auch sinnvoll sein, sich beim Kauf einer Ware den ›Bernstein-Ausweis‹ ausstellen zu lassen: Darin werden Ihre Käufe vermerkt und um den Stempel des Verkäufers ergänzt.

Boutique in der Frauengasse … die Shopping Queen palavert noch, der Herr versucht zu flüchten.

ZUM SELBST ENTDECKEN

Die wichtigsten Einkaufsstraßen in Danzigs Recht- und Altstadt sind die **Langgasse** (ul. Długa) und die **Frauengasse** (ul. Mariacka). Hier sowie an der **Mottlau-Promenade** finden Sie viele Bernsteinläden. Auch die Straßen rund um die **historische Markthalle** und die **Große Wassermühle** lohnen einen Blick. Im Vorort Wrzeszcz peilt man die **Aleja Grunwaldzka** und die **Galeria Bałtycka** an. Die angesagte Shopping-Meile in Sopot ist die Fußgängerstraße **Monte Cassino** alias Monciak; in Gdynia konzentriert sich die Kauflust auf die **ul. Świętojańska** und die Einkaufszentren **Klif** und **Riviera.**

BALTISCHER BERNSTEIN

Gratis-Vorführung

The Royal Amber Karte 2, C 6

In kurzen, mehrmals täglich stattfindenden Vorführungen erfahren Sie alles Wichtige über Bernstein, über das Schleifen und Polieren. In Echtheitsproben wird gezeigt, wie man Bernstein vom synthetischen Imitat unterscheiden kann. Auch die Präsentation gefällt: In raumhohen Vitrinen ist Bernstein- und Silberschmuck großzügig arrangiert. 1949 gegründet, ist dies eines der ältesten Bernsteingeschäfte, jedes Stück mit Qualitätszertifikat. Ein schöner Ort zum Schauen!

Długi Targ 1, Gdańsk

Frisch & frech

Amber Moda Karte 3, C 2

Mariusz Gliwiński schafft Kreationen, die bei der Amber Look Gala für Furore sorgen: barock-üppige und streng symmetrische Linien, Bernststein in recycltem Material, Schmuck für den Mann und kleine Kunstobjekte.

ul. Grunwaldzka 12–16 (100 m von ul. Monte Cassino), Sopot, www.ambermoda.com

Museal

Galeria Wydra Karte 2, C 5/6

Allein um die antike Inneneinrichtung zu sehen, lohnt der Besuch. Schwere, dunkle Vitrinen beherbergen nicht nur Schmuck, sondern auch Schachspiele und Mini-Altäre aus Bernstein.

ul. Mariacka 49, Gdańsk

Selbst Hand anlegen

Pracownia i Galeria Styl Karte 2, D 5

Zbigniew Strzelczyk ist schon lange im Bernsteingeschäft, sein Atelier neben dem Krantor existiert seit 1974. Heute ist er Vorsitzender der Bernsteinkammer: »Was ich an Bernstein so liebe«, sagt er, »ist, dass jedes Stück ein Unikat ist. Und dass er so alt ist wie die Dinosaurier!« Durchs Mikroskop können Sie in viele Millionen Jahre alten Bernstein schauen und dabei eingeschlossene Insekten bestaunen. Angeboten werden einstündige Workshops, in denen Sie praktisch tätig werden und selbst Bernstein schleifen können.

ul. Długie Pobrzeże 31, Gdańsk, www.amberstyl.pl

G GEÖFFNET

Im Normalfall öffnen Läden werktags zwischen 8 und 10 Uhr und schließen zwischen 17 und 19 Uhr. Allerdings wird der Ladenschluss flexibel gehandhabt: So öffnet man im Sommer, wenn alle Leute unterwegs sind, gern ein oder zwei Stunden länger. Und wenn alles schließt, gibt es immer noch die 24-Stunden-Läden. Die Shopping Malls, aber auch viele Souvenirläden haben erweiterte Öffnungszeiten: Mo–Sa 10–21, So 10–20 Uhr. Markthallen sind montags bis samstags von 9 bis 15 Uhr geöffnet.

Im Bernsteinmuseum

S & A Karte 2, B 5

Im Innenhof des Bernsteinmuseums (►S. 28) wird ausgefallener Schmuck angeboten, zertifiziert von der Internationalen Bernsteingesellschaft. Dazu gibt es kleine Vorführungen zur Verarbeitung.

Targ Węglowy 26, Gdańsk

Originelle Erstlingswerke

Studio Amber Karte 2, C 6

Oft kann man hier Einzelstücke von Absolventen der Danziger Kunstakademie erwerben.

ul. Mariacka 2/3, Gdańsk

Ungeschliffen

Baltic Stone Karte 2, D 6

Kontrastprogramm: Dieser Laden beweist, dass auch naturbelassener Bernstein eine große Anziehungskraft hat. Sie finden ihn hier in vielen Formen und Farben, verarbeitet zu modern designten Schmuckstücken.

ul. Mariacka 29, Gdańsk, www.balticstone.pl

BÜCHER UND MUSIK

Multimedia
EMPiK Karte 2, B 4
Großes Buch- und Zeitschriftensortiment (auch deutschsprachige Titel), reiche Auswahl an CDs und DVDs, darunter viele polnische Musikgruppen, z. B. das Danziger Trio Pink Freud, das den Trance-Jazz-Dance entwickelte – angesiedelt zwischen Electro und Rock.
ul. Podwale Grodzkie 8, Gdańsk, www.empik.com, auch So geöffnet

DELIKATESSEN UND LEBENSMITTEL

Quietschbunt
Ciuciu Karte 2, C 6
Spaß verspricht die Bonbonmanufaktur in der Langgasse: Gemäß einer Formel aus dem 17. Jh. werden vor den Augen der Besucher aus Zuckermasse Bonbons geknetet und gedreht, gerollt und geschnitten – manchmal sogar geworfen! Der Kauf eines Riesen-Lolli krönt die Schau.
ul. Długa 64, Gdańsk, www.ciuciu.pl

Aus dem Kloster
Produkty Benedyktyńskie
Karte 2, B 6
Alles, was die geschäftstüchtigen Benediktiner aus der Krakauer Abtei verkaufen, ist hausgemacht und obendrein frei von Farb- und Konservierungsstoffen: Käse und Wurst, Wein und Bier, Kräuter und Tee, Marmelade, Honig und Sirup – und sogar Kosmetik! Dekorativ verpackt, geben die Kulinaria schöne Mitbringsel ab und können auch online bestellt werden.
ul. Długa 5 (Eingang von der ul. Garbary), Gdańsk und al. Niepodległości 718, Sopot, www.benedicite.pl

Lebkuchen mittelalterlich
Kopernik Karte 2, C 6
Im Untergeschoss des winzigen Gotyk-Hauses, in dem angeblich der Astronom Kopernikus zu Gast war, werden aus dessen Geburtsstadt Thorner Lebkuchen in dekorativer Verpackung verkauft. Das Rezept ist über 700 Jahre alt! Weil traditionell am Tag der hl. Katharina mit dem Backen begonnen wurde, erhielten die Lebkuchen den Beinamen ›Thorner Kathrinchen‹ (Katarzynki). Reiseführer erzählen freilich gern auch eine andere Geschichte: Ein verliebter Bäckergeselle, sagen sie, habe sie für die Tochter seines Meisters erfunden. Es gibt Kathrinchen mit Schokolade oder Glasur, geformt in vielen Varianten, am häufigsten natürlich mit dem Konterfei des Astronomen Kopernikus.
ul. Mariacka 1, Gdańsk, www.gotykhouse.eu

EINKAUFSPASSAGEN

Hier sind alle großen Modemarken vertreten – nicht nur für Kleidung, sondern auch Schuhe, Taschen und Accessoires. Viele Polen schätzen an den Einkaufszentren ihre großen Gratis-Parkflächen.

Baltisches EKZ
Galeria Bałtycka Karte 4, B 3
Das beliebteste und größte Einkaufszentrum der Dreistadt lockt mit 200 Läden. Originell: der skandinavische Inneneinrichter Almib Dekor im Erdgeschoss. Attraktiv ist der Food Court mit großer Lokalauswahl von Pizza bis Sushi.
al. Grunwaldzka 141 (gegenüber Bahnhof Wrzeszcz), Gdańsk-Wrzeszcz, www.galeriabaltycka.pl, Tram 5, 6, 9, 11, 12 bis Galeria Bałtycka

Im Viertel ›Adlerhorst‹
Klif Karte 4, A 1
An der Bahnstation Gdynia Orłowo gibt es ein großes Angebot eher exklusiver und vorwiegend ausländischer Modeläden. Die Palette reicht von Benetton über Tommy Hilfiger bis zur Luxusmarke Liu Jo – insgesamt 150 Geschäfte und etliche Lokale.
al. Zwycięstwa 256, Gdynia, www.klif.pl

Kleines Einkaufszentrum
Krzywy Domek Karte 3, B 2
Im ›Schiefen Haus‹ gibt es Souvenirläden und Boutiquen.
ul. Bohaterów Monte Cassino 5, Sopot

Für Süßschnäbel: Bei Ciuciu werden aus Zuckermasse Lutscher geformt.

Am Rand der Altstadt
Madison B 3

Hier finden Sie nationale Marken wie Ryłko, Wójcik und Wojas (Schuhe), legere Wólczanka-Mode und Öko-Textilien, bibi concept ›mejdinpoland‹, Schmuck von W.Kruk und kaschubische Bio-Kosmetik von Ziaja. Im Untergeschoss lockt der Delikatessen-Supermarkt Piotr & Paweł und natürlich laden Cafés zu einer Pause ein, so sind die Danziger Klassiker Pellowski und Sowa mit je einer Filiale vertreten.

ul. Rajska 10 (nahe Hauptbahnhof), Gdańsk, www.madison.gda.pl

Mit Kultur
Manhattan Karte 4, B 3

Kleiner als das Bałtycka, dafür mit kulturellem Anspruch: Bibliothek, Theater Znak und Schauspielschule.

al. Grunwaldzka 82, Gdańsk-Wrzeszcz, www.gchmanhattan.pl, Tram 5, 6, 9, 11, 12 bis Jaśkowa Dolina

Sale in Bestlage
Outlet Sopot Karte 3, B 3

Kleidung, Schuhe und Accessoires für sie und ihn von internationalen Topmarken wie Ralph Lauren, Salvatore Ferragamo, Tod's und Tory Burch. Attraktiv ist nicht nur die Mode, sondern auch der Discount Preis!

ul. Bohaterów Monte Cassino 26, Sopot, www.polo-outlet.pl

Young & fashionable
Store & More Karte 3, B 2

Wo Sopots Flaniermeile in den weiten Plac Zdrojowy mündet, befindet sich dieses Modehaus. Auf vier Stockwerken finden Sie Freches, Schräges und Sportives von Desigual, Pepe Jeans, Tommy Hilfiger, Quicksilver und New Balance.

ul. Bohaterów Monte Cassino 61, Sopot

In einer mittelalterlichen Mühle
Wielki Młyn Karte 2, C 4

Die ausgehöhlte Mühle beeindruckt mit ihrer Architektur, bald soll es auch wieder möglich sein, in Ständen zu stöbern.

ul. Rajska s/n, Gdańsk

GESCHENKE, DESIGN, KUNST & KURIOSES

Made in Poland
Ars Balticum/Gdańsk Souvenir Centre Karte 2, C 6

In der Langgasse finden Sie Kristallglas aus dem Riesengebirge, Bunzlauer Keramik, Leder aus der Hohen Tatra, Erinnerungen an die Solidarność-Ära und auch die unvermeidlichen Tassen, Schals

Ist das Kunst oder … Kitsch? Auf jeden Fall aber doch schön.

und T-Shirts mit der Aufschrift ›Gdańsk‹ bzw. ›Polska‹.
ul. Długa 29, Gdańsk

Es lebe die Tradition
Cepelia Karte 2, C 6

Seit 1949 widmet sich der Verein der Kunsthandwerker der Verbreitung und dem Verkauf von Volkskunst. Ein dichtes Filialnetz hat er über das Land gespannt, doch ist das Sortiment unterschiedlich: Da gibt es Läden mit folkloristischem Kitsch, aber auch Galerien mit Arbeiten international renommierter Künstler. Klassiker sind aus rauer Schafswolle grob gestrickte Pullover und Lederwaren mit rustikalen Ornamenten, geschliffenes und geblasenes Glas, geklöppelte Spitzendecken, Scherenschnitte und spinnenartige Mobiles.
ul. Długa 47, Gdańsk, www.cepelia.pl

Bunzlauer Keramik
Ceramic Bolesławiec Karte 2, D 6

Der Ton aus dem niederschlesischen Bolesławiec (Bunzlau) kann bei extrem hohen Temperaturen gebrannt werden, was ihn sehr robust macht. Anders als kaschubische Keramik wird er nicht mit Blumenmotiven, sondern mit blauem Pfauenaugenmuster dekoriert. Da gibt es feuerfeste Wasserkrüge, Milchtöpfe und Teigschüsseln, Tassen und Teller u. v. m.
ul. Stągiewna 18, Gdańsk, www.ceramicboleslawiec.com.pl

Glas über alles
Galeria Grobla Karte 2, C 5

Maciej Habrat, der Besitzer der Galerie in der Frauengasse, ist ein Glaskünstler: Farbige Sande schmilzt er bei 1000 Grad und bläst daraus fantastische Glasobjekte: Teller und Tassen und Lampenschirme, Glasmalereien zum Aufhängen, Schmuck und kleine Skulpturen, z. B. von seinem Lieblingstier, der Katze. Sein Design ist von der polnischen Graphikschule geprägt und kommt leicht naiv daher. Auch nur zum Gucken ein schöner Ort.
ul. Grobla I 5, Gdańsk, www.galeriagrobla.pl

Aus der Kaschubei
Galeria Sztuki Kaszubskiej
Karte 2, C 5

An Danzig grenzt die Kaschubei, die in Polen für ihr originelles Kunsthandwerk bekannt ist. Fünf Farben sind Trumpf: das Grün des Waldes und das Schwarz der Erde, das Rot des Feuers und das Gelb der Sonne, dazu das Blau von Himmel, See und Meer. Ob Keramik mit Blumenmotiven, ins Groteske verfremdete Heiligenfiguren, bunt besticktes Leinen oder noch bunteres Holzspielzeug – aus allen Gegenständen spricht Lebenslust und Heiterkeit. In der ›Galerie kaschubischer Kunst‹ im Schatten der Marienkirche gibt es mit Blumen bunt bestickte Leinendecken und mit Blumen bemaltes Porzellan, weiße Blusen, wie man sie bei Festen trägt und Tabakdosen für Schnupftabak, ohne die kein waschechter Kaschube auskommt. Großmutter, Mutter und Tochter führen den Laden nicht nur mit viel Elan, sondern stellen auch vieles her, was sie zum Verkauf anbieten.
ul. św. Ducha 48, Gdańsk, www.gskart.pl

Hip & bunt
Galeria Triada Karte 2, C 5

In der größten Galerie der Dreistadt (gegr. 1990, mit einer Filiale in Sopot) werden vorwiegend zeitgenössische polnische Künstler ausgestellt. Vielleicht

haben Sie Glück und finden ein Schnäppchen!
ul. Piwna 11–12, Gdańsk, www.galeriatriada.com

Im Bunker
Pionova Gdańsk Karte 2, C 4
Schon der Ort lohnt den Besuch: In einem ehemaligen Bunker aus dem Zweiten Weltkrieg werden Newcomer der Danziger Kunstszene ausgestellt. Auch wer keine Kaufabsicht hat, wird den Kontrast zwischen nacktem Beton und zeitgenössischen Gemälden, Skulpturen und Installationen spannend finden!
ul. Olejarna 2, Gdańsk, www.pionova.net

MARKTHALLEN

Danzig, Sopot und Gdynia haben jeweils eine eigene Markthalle, in der sich die weniger begüterten Polen mit allem Wichtigen versorgen. Hier können Sie Alltags-Ambiente schnuppern und vielleicht das eine oder andere kulinarische Mitbringsel erstehen: getrocknete Waldpilze, die Suppen und Soßen raffinierte Würze verleihen, die sprichwörtlich guten polnischen Landwürste oder den Räucherkäse *oscypek*, Polens einziges Molkereiprodukt mit geschützter Herkunftsbezeichnung.

Markthalle Danzig
Hala Targowa Gdańsk
Karte 2, C 5
Die neugotische Markthalle aus dem Jahr 1896, aufwändig renoviert, ist aufgrund ihrer fantastischen Innenarchitektur einen Blick wert. Zu kaufen gibt's preiswerte Textilien, Haushaltswaren und Krimskrams, im Souterrain Lebensmittel. Noch mehr Frisches gibt's vor der Halle: Waldbeeren im Sommer, Pilze im Herbst.
pl. Dominikański 1, Gdańsk, www.halatargowa.pl, Mo–Fr 9–18, Sa 9–15 Uhr

Markthalle Gdynia
Hala Targowa Gdynia
Karte 4, A 1
Hier sieht es aus wie in den Jahren unmittelbar nach dem Fall des Sozialismus, als es in der Dreistadt weder Einkaufszentren noch riesige Hypomärkte gab. Alles ist etwas grau und angestaubt, aber das Sortiment ist groß und die Preise sind sehr niedrig. Viele schwedische Besucher kommen hierher auf Schnäppchenjagd. Auch Lebensmittel und frischen Fisch, Obst und Gemüse gibt es.
ul. Wojta Radtkiego/ul. 3 Maja (nahe Gdynia Hauptbahnhof), Gdynia, Mo–Fr 8.30–17, Sa 8.30–15 Uhr

D
DESIGN

Skandinavische Tradition trifft auf polnische Folk-Art, Schnörkelloses geht eine erstaunliche Symbiose mit einer naiv-bunten Fantasiewelt ein. Im **Gdynia Design Centre** entwerfen kreative Köpfe viele jener Prototypen, die im ganzen Land kopiert werden: Gebrauchsgegenstände, Textilien und Mode. Sie sind handwerklich gut ausgebildet und haben ein Gespür dafür, dass Gegenstände den Alltag der Menschen nicht nur verschönern, sondern auch erleichtern sollen.
Originelle Entwürfe der Dreistädter finden Sie in der Neuen Galerie des Design Centre im Wissenschafts-und Technologiepark:
Nowa Galeria: Karte 4, A 1, al. Zwycięstwa 96/98, www.centrumdesignu.gdynia.pl, Mo–Fr 11–19 Uhr. Und im Juli werden die Gdynia Design Days organisiert.

Markthalle Sopot
Sopocki Rynek Karte 4, A 2
Am Dienstag- und Freitagmorgen kommen Bauern aus der Umgebung und verkaufen Lebensmittel, Obst und Gemüse. Sa–So findet dagegen der ›künstlerische Multikulti-Flohmarkt Sopotello‹ statt, dazu gibt's oft Live-Musik.
ul. Polna 8–12, Sopot, www.sopockirynek.pl, Di und Fr 9–13, Sa/So 10–18 Uhr

Auch das Dunkle hat seinen Reiz

Erst ein kühles Bier, ein Shot oder ein Glas Wein, dann Kultur tanken oder sogleich in die Club-Szene abtauchen: Die Danziger Nächte sind lang, vor allem am Wochenende!

Wer tagsüber durch die Stadt geht, entdeckt kaum einen Hinweis auf Bars mit quirligem Nightlife. Tatsächlich ist in Danzig die Unterscheidung zwischen Restaurant, Café, Bar und Club nur schwer zu treffen. Was sich bei Tageslicht als gemütliches Café tarnt, kann abends schlagartig seinen Charakter ändern und zu einer Kneipe mutieren, die oft gar über einen kleinen Dancefloor verfügt. Dort können Sie in intimem Rahmen mit wenigen Gleichgesinnten das Tanzbein schwingen. Vielerorts finden auch improvisierte Jamsessions oder Live-Konzerte statt.

Daneben gibt es natürlich auch ›richtige‹ Clubs, fast immer gigantisch groß und mit Industriecharme. Heiß geht's dort zur Sache – und wer die Polen im Alltag oft als kühle, zurückhaltende Menschen kennengelernt hat, staunt nicht schlecht, welche Leidenschaft und Begeisterungsfähigkeit sich hier offenbart.

Während der Woche ist der Eintritt meist frei, Freitag und Samstag ist ein kleiner Obolus zu entrichten; Frauen zahlen oft gar nichts. Die Drinks sind in der Regel preiswert, die ›Gorillas‹ am Kneipeneingang meist harmlos.

Beste Stimmung in der Ausgehmeile von Sopot

ZUM SELBST ENTDECKEN

Früher mussten Nachtschwärmer in das Studenten-Viertel Wrzeszcz fahren, um etwas zu erleben, heute gibt es auch in der Danziger Recht- und Altstadt gute Ausgehadressen. Im Sommer verlagern sich die Aktivitäten in den Badeort Sopot, wo legendäre Parties steigen – und dies nicht nur am Strand. Wenn es eine Nachtmeile gibt, die jeder Pole kennt, so ist es die **Aleja Bohaterów Monte Cassino,** kurz Monciak genannt. Auch in Gdynia ist abends jede Menge los, v. a. am **Skwer Kościuszki** und an der **al. Jana Pawła.** Viele treibt es im Sommer ans Meeresufer, wo eine Brise für Erfrischung sorgt.
Im Internet finden Sie Zusatzinfos zu Nightclubs und Bars unter: http://www.local-life.com/gdansk/pubs

BARS UND KNEIPEN

Bei der ›grünen Fee‹
Absinthe Karte 2, B 5
Die grün gestylte Bar ist ein Treffpunkt unterschiedlichster Charaktere, darunter finden sich immer ein paar Schauspieler des benachbarten Theaters. Sie alle kommen, um hochprozentigen Absinth zu trinken und sich guter Stimmung hinzugeben. Absinth besteht aus Wermut, Anis und Fenchel und erhält durch Beigabe von Kräutern eine grüne Farbe, wird deshalb auch ›grüne Fee‹ genannt. Wem er zu hochprozentig ist (45–85 %!), verdünnt ihn mit Mineralwasser.
ul. Św. Ducha 2 (Teatr Wybrzeże), Gdańsk, www.cafeabsinthe.pl, tgl. 10–4 Uhr

Dekadent
Desdemona Karte 4, A 1
Die melancholische weibliche Hauptfigur aus Shakespeares Drama »Hamlet« stand Pate: Eine lange, mit glänzenden Kupferplatten ausgelegte Bar und grün-geheimnisvoll schimmerndes Licht locken allabendlich Scharen künstlerischer und digitaler Bohemiens.
ul. Abrahama 37, Gdynia, tgl. 16–1, Fr/Sa bis 3 Uhr

Von Künstlern gemanagt
Dwie Zmiany Karte 3, B 3
Dies ist nicht nur eine beliebte Bar, die mit ihrem informell-modernen Ambiente (und vielen lokalen Bieren) Kultstatus genießt. Auch die Vernissagen, Konzerte und Happenings locken viel Publikum an.
ul. Bohaterów Monte Cassino 31, Sopot, www.dwiezmiany.com, bis 22, Fr/Sa bis 1 Uhr

Bei den Flößern
Flisak 76 Karte 2, C 6
1976 gegründet, sind die heutigen ›Flößer‹ *(flisak)* die Enkelinnen der Gründer. Und noch immer geht's hoch her. Ausgeschenkt wird ›lebendiges Bier‹ in Bio-Qualität (Piwo Żywe) der lokalen Brauerei Amber, oft gibt es Live-Konzerte Danziger Musiker und obendrein einen informellen Dancefloor.

Giftig-grün wie der namengebende Alkohol: das Absinthe

ul. Chlebnicka 9/10, T 509 99 48 54, Gdańsk, tgl. ab 18 Uhr

Am Strand
F. Minga Karte 4, A 1
Im Lokal am Stadtstrand kann man wunderbar entspannen: drinnen am Kamin, draußen auf einem luftigen Deck. Wunderbar ist es, hier den Abend bei einem Glas Wein oder einem Cocktail ausklingen zu lassen. Auch kleine Gerichte gibt es.
Bulwar Nadmorski 10–23, Gdynia, Fr/Sa bis 1 Uhr

Pre-Party
Gazeta Rock Café Karte 2, B 5
Eine Art polnisches Rock-Museum mit historischen Fotos, Sofas zum Versinken und Polska Rock von soft bis hard.
ul. Tkacka 7/8, Gdańsk, www.muzeumpolskiego rocka.pl, Fr/Sa 20–5 Uhr

Hoch hinaus
High 5 Karte 2, D 4
Von der Terrassenbar im 5. Stock des Hilton genießt man ein tolles Flusspanorama – ein guter Start in die Nacht und gar nicht mal so teuer.
Targ Rybny 1, Gdańsk, www.hiltongdansk.pl, tgl. 12–23 Uhr

Bier

Danzigs Brauereitradition reicht Jahrhunderte zurück. Da gab es pechschwarzes und braunes, reines und gewürztes Bier, Mumme und Krolling, aber auch das starke, zähflüssige Jopenbier. Heute knüpfen Danzigs Mikro-Brauereien an die lange Tradition an.

Im trendigen **Browar Piwna** (Karte 2, C 5, ul. Piwna 50/51, www.browarpiwna.pl) wird vor den Augen der Gäste leichtes Pils und naturtrübes Weizenbier gebraut, dazu dunkles Bier für die kühlere Jahreszeit: vom böhmischen Schwarzbier über fruchtiges Altbier bis zum dunkelroten Baltischen Porter.
An der Mottlau-Promenade können Sie im **Gdański Bowke** (Karte 2, D 6, ul. Długie Pobrzeże 11, www.gdanskibowke.com) einkehren, wo in traditionellem Ambiente das gleichnamige, nicht-pasteurisierte Bier serviert wird.
Am gegenüberliegenden Ufer braut **Brovarnia** (E 6, ul. Szafarnia 9, www.brovarnia.pl) in einem restaurierten Speicher naturbelassene Biere. An lauen Sommerabenden trinkt man sie vor dem Jachthafen mit Blick auf die Rechtstadt. Und damit sie nicht zu Kopf steigen, gibt's dazu hausgemachte Brezeln oder Weißwurst.

Skurriles Ambiente
Jozef K Karte 2, B 5
Jozef K., Protagonist in Kafkas »Prozess«, stand Pate: Schreibmaschinen und Telefone, Möbel vom Sperrmüll, ein alter Kachelofen und eine Vielzahl von Büchern – hier wurde wunderbar wild und fleißig gesammelt! Hier können Sie bei einem Drink und meist bluesiger Musik Stunden verbringen – am Wochenende kommen DJs und es wird getanzt.
ul. Piwna 1/2, Gdańsk, tgl. 10–2 Uhr, am Wochenende länger

Entspannt
Lawendowa 8 Karte 2, C 5
Auf rohe Backsteinwände gepinnte Fotos und projizierte Videos, dazu Mobiliar vom Sperrmüll und eine große Auswahl guter Biere polnischer Mikro-Brauereien – hier geht es informell-gemütlich zu und deshalb ist es meist rappelvoll. Kein Wunder, dass vor der Bar oft ein Food Truck hält.
ul. Lawendowa 8 (Eingang ul. Straganiarska), Gdańsk, tgl. 13–2 Uhr

Die Volksrepublik grüßt
No to cyk Karte 2, C 6
Zum billigen Bier gibt es marinierte Gurken, zum Wodka ein Schmalzbrot und dazu eine Deko, die ›die gute alte Zeit‹ im Sozialismus aufleben lässt. Sehr populär!
ul. Chlebnicka 2, Gdańsk, tgl. 14–2 Uhr

Bier- und Wodka-Trinkstube
Pijalnia Wódki i Piwa Karte 2, C 6
Ein typisches Przekąski-Zakąski-Lokal (►S. 90), das mit Kommie-Postern auf der Nostalgie-Welle reitet. Nur einen Schritt vom Langen Markt entfernt, treffen sich hier v. a. junge Danziger auf einen Shot und einen kräftigen Bissen – zu unschlagbar günstigen Preisen.
Długi Targ 35/38 (Eingang ul. Kuśnierska), Gdańsk, tgl. 9–5 Uhr

Unter den Augen der Filmemacher
Pub Polskie Kino Karte 2, C 5
Hier bekommen Sie das Gegenstück zu Goldwasser: einen scharfen Schuss Wodka in vielen Varianten, auch ›bunte‹, mit Kräutern versetzte Sorten *(nalewki)*. Zugleich tauchen Sie in Polens Film-Klassiker ein: Von der Wand grüßen u. a. Wajda, Polański und Kieślowski.
ul. Szeroka 97, Gdańsk, 15–2 Uhr

Auf Tuchfühlung mit Locals
3 Siostry Karte 3, B 2
Die ›drei Schwestern‹ (3 siostry) haben eine eingeschworene Fangemeinde: Sie überzeugen mit Charme, originellen

Jozef K.: originell im Retro-Look

Drinks und Snacks. Auch die bewusst antiquierte Deko gefällt. Wenn's hoch her geht, können Sie auf einem kleinen Dancefloor das Tanzbein schwingen.
ul. Powstańcow Warszawy 6, Sopot, www.3siostry.pl, tgl. 13–24, Fr/Sa bis 3 Uhr

Kult-Tankstelle
Stacja De Luxe ✪ außerh. A 1
Eine ehemalige Tankstelle, halb Bistro, halb Bar mit Disco wurde zu einem wichtigen Abendtreff. Die Zapfsäulen stehen noch, gesessen wird auf Bus- und Autositzen, an der Wand hängen Motorräder, halbe Autos und Rückspiegel. Auch die Getränke und Gerichte haben Namen aus der Welt der Mobilität.
al. Grunwaldzka 22, Gdańsk-Wrzeszcz, www.stacjadeluxe.pl, tgl. 10–24 Uhr, Tram 10, 12: Miszewskiego

In einstiger Textilmanufaktur
Tekstylia ✪ Karte 2, C 5
Hier will man sehen und gesehen werden – im Sommer füllt sich das Bistro schon am Nachmittag, dann ist auch die Straßenterrasse dicht besetzt (WLAN gratis). Am Abend ist es dann rappelvoll. Mit den Mega-Bildern alter Nähmaschinen, (deutsch beschrifteten) Kleiderbügeln und vielen weiteren Textil-Accessoires erinnert das Bistro an den historischen Ort. Man bekommt hier auch Suppen und Salate sowie Klassiker polnischer Hausmannskost (gut: die Roggenmehlsuppe *żurek).*
ul. Szeroka 121 / Ecke ul. Pańska, Gdańsk, T 58 304 77 63, www.tekstyliacafe.pl, tgl. 9–24 Uhr

Wein über alles
Vinoteque Sopot ✪ Karte 3, B/C 2
Im Untergeschoss der Kurhaus-Rotunde werden gute Weine glasweise ausgeschenkt – die Besitzer sind Weinimporteure. Damit der Wein nicht zu Kopf steigt, gibt's Tapas und Tagesgerichte. Hohe Bistrotische und Loungesofas sorgen für ein informelles, dabei elegantes Ambiente.
ul. Powstańcow Warszawy 10, Sopot, www.sheraton.pl/sopot, ab 18 Uhr

KINO

Von Ende Juni bis Ende August gibt es jeden Samstag um 21.30 Uhr **Rooftop Open-Air Kino** mit Filmen im Originalton, die auf internationalen Festivals ausgezeichnet wurden (www.rooftop.sff.pl)..

LIVE-MUSIK, DISCOS & CLUBS

Groß-Disko

Bunkier Klubogaleria ✪ Karte 2, C 4
Ein Luftschutzbunker in der Altstadt, ein Relikt aus dem letzten Weltkrieg, wurde zur angesagten Nachtadresse:
Hinter meterdicken Betonwänden verbergen sich unterschiedlich gestylte Etagen mit Bars, Tanzflächen und Lounges. Freiliegende Rohre, eine raffinierte Lichtregie und Kunst-Installationen sorgen für ein leicht surreales Ambiente. Ein militärisch inspiriertes Geschoss (mit elektrischem Stuhl!) zollt dem Ursprung des Monumentalbaus Tribut. Extra-Raum für Raucher, originelle Toiletten!

ul. Olejarna 3, Gdańsk, www.bunkierclub.pl, 16–1, Fr/Sa bis 5 Uhr

Legendär

Café Szafa ✪ Karte 2, C 5
Der ›Schrank‹ *(szafa)* ist mit Sperrmüll-Möbeln eingerichtet. Viele Gäste trudeln am Spätnachmittag ein und halten durch bis zum Morgengrauen: erst in der Kneipe, dann auf der Tanzfläche im Untergeschoss. Erfrischung bringt die luftige Terrasse.

ul. Podmurze 2, Gdańsk, tgl. ab 16 Uhr bis zum letzten Glas

Industrie-Design

Club B90 & Buffet ✪ C 2
Auf dem Gelände der ehemaligen Lenin-Werft gibt es gleich zwei Adressen,

HÖHEPUNKTE DES KRAKAUER KULTURPROGRAMMS

Das ganze Jahr über gibt es Filme, Konzerte und Theateraufführungen, doch vor allem im Sommer ist der offizielle Veranstaltungskalender prall gefüllt.

Ins Kino werden Sie gewiss nur im Notfall, also an verregneten Tagen gehen wollen. Seit das historische Neptun abgerissen wurde (es musste einem Hotel weichen), muss man sich mit einem Kino-Center begnügen, wie man es auch aus Deutschland kennt, dem **Cinema City Krewetka** (✪ Karte 2, B 4, www.cinema-city.pl). Die ›Krabbe‹ *(krewetka)* gegenüber dem Hauptbahnhof bietet acht Säle mit Air-Condition, in denen internationale Blockbuster, einige im O-Ton, laufen.
Wer ein Klassikkonzert besuchen möchte, geht in die **Baltische Philharmonie** (Polska Filharmonia Bałtycka, ✪ D 5, www.filharmonia.gda.pl). Die New York Times kürte das Gebäude, ein ehemaliges Kraftwerk, zum besten Beispiel für die Verwandlung von Industrie- in Kulturarchitektur. Neben dem Großen Saal mit fast 1000 kreisförmig angeordneten Plätzen gibt es den intimeren Kammermusiksaal. Im Sommer finden Konzerte auf der Freilichtbühne statt.
Freunde der Oper, des Tanztheaters und Balletts besuchen die **Baltische Oper** (Opera Bałtycka, ✪ Karte 4, B 3, www.operabaltycka.pl).
Wichtigste Adresse in Sopot ist die **Waldoper** (Opera Leśna, ✪ Karte 4, A 2, www.operalesna.sopot.pl). Im ›Bayreuth des Nordens‹ fanden bis 1942 legendäre Inszenierungen von Wagner-Opern statt. Heute erlebt man hier vor allem Pop, Rock und volkstümliche Klassik.
Im oberen Sopot, unweit der Fußgängerzone, dient ein romantisches, über 200 Jahre altes Herrenhaus heute als **Kulturzentrum.**
Im **Dworek Sierakowskich** (✪ Karte 4, A 2 , www.tps-dworek.pl) finden Live-Acts und Lesungen, jeden Donnerstag auch Konzerte mit Kammermusik statt.
Stimmungsvoll sind auch die Musikabende in historischen Kirchen. Eine Danziger Spezialität sind Orgelkonzerte, viele finden in der **Marienkirche** (🕮 Karte 2, C 5/6) und in der **Kathedrale von Oliwa** statt (🕮 Karte 4, A 2).

die vom Kunstinstitut Wyspa (► S. 58) gemanagt werden. B90, eine dreistöckige Werkhalle, in die 2000 Leute passen, ist Danzigs größte Konzert-Location: Hier finden erstklassige Konzerte von Laibach bis Kaliber 44 statt, auch das alternative Soundrive Fest im Frühherbst wird hier ausgetragen. Das Buffet, das im Styling an die gleichnamige sozialistische Restaurantkette, erinnert, bietet eher Experimentelles im kleineren Rahmen.

ul. Doki 1, Gdańsk, www.B90.pl (nur zum Konzert geöffnet) und www.buffet.com.pl (So–Do 15–22, Fr/Sa 15–4 Uhr)

Für Freunde der Mega-Events
Ergo Arena ✪ Karte 4, A/B 2

In der mehr als 11 000 Plätze fassenden Halle an der Grenze von Danzig und Sopot finden Großkonzerte statt.

Plac Dwóch Miast 1, Sopot, www.ergoarena.pl/zwiedzanie

Direkt am Strand
Klub Żak ✪ außerh. A 1

Seit Jahrzehnten ist dies DER Studentenclub der Dreistadt: ein beliebter Kneipen- und Café-Treff mit Konzerten, Ausstellungen und Filmen.

ul. Grunwaldzka 195/197, Gdańsk-Wrzeszcz, T 58 344 05 73, www.klubzak.com.pl

Szenetreff
Parlament ✪ Karte 2, B 5

Ein ›Parlament‹ unterhalb des Hotels Wolne Miasto: Auf mehreren unterirdischen Etagen wird gerockt, was das Zeug hält. Flimmernde Disco-Kugeln sorgen für das richtige Ambiente. Bevor Sie Ihren Durst löschen, müssen Sie eine Prepaid-Karte erwerben, die an der Bar entwertet wird. Sie müssen also zweimal Schlange stehen: erst an der Kasse, dann an der Theke.

ul. Św. Ducha 2, Gdańsk, www.parlament.com.pl, Do–Sa 21–4 Uhr

Vive la Bohème!
Sfinks 700: ✪ Karte 3, B 1

Wenige Schritte vom Strand entfernt, schräg gegenüber vom Grand Hotel im Park, ist dieser kurz nach der Wende eröffnete Club, einer der ältesten Polens. Die nackten Backsteinwände haben sowohl Rave-Parties erlebt, als auch alternative Konzerte und artistische Happenings. Noch heute ist Sfinks *the place to be;* laut TAZ gibt es hier »die besten DJs und die hübschesten Mädchen« der polnischen Ostseeküste.

al. Mamuszki 1, Sopot, www.sfinks700.com, Do–Sa 21–5 Uhr

INFOS & TICKETS

Ob Jazz-Event, Theater oder Konzert: Hinweise erhält man in der **Kulturinformation** (Instytut Kultury Miejskiej, bis 2018 in der ul. Długi Targ 39/40, Gdańsk, T 58 301 20 16, www.ikm.gda.pl, Mo–Fr 9–17 Uhr). Konzerttickets bekommt man im Media-Laden **EMPiK** (► S. 100) oder im **Internet** über www.eventim.pl.

T THEATER

Auch wer kein Polnisch spricht, kann in Danzig Bühnenkunst im O-Ton genießen. Das Shakespeare-Theater, von außen ein avantgardistischer Beton-Kubus, ist innen dem historischen Londoner Globe nachempfunden: Sie sitzen auf einer Holzgalerie und genießen an warmen Sommerabenden den Blick in den Nachthimmel – die Decke des Theaters lässt sich öffnen. Das Shakespeare-Festival findet meist Anfang August statt.

Teatr Szekspirowski:
✪ Karte 2, B 6, ul. Bogusławskiego 1, Gdańsk, www.teatrszekspirowski.pl und www.shakespearefestival.pl

Hin & weg

Ankunft in Danzig

Flughafen: Lech-Wałęsa-Airport, Rębiechowo, T 08 01 06 68 08, www.airport.gdansk.pl. Danzigs Flughafen liegt 12 km nordwestlich der Stadt. In der Ankunftshalle (Terminal 1) gibt es eine Touristeninfo und Autovermietung. Die Wechselstube bietet einen schlechten Kurs, deshalb hier besser nur wenig Geld wechseln! Eine Zuglinie verbindet den Flughafen mit Gdańsk, Sopot und Gdynia, oft ist es allerdings nötig, in Wrzeszcz in den Stadtzug SKM umzusteigen (Info: www.rozklad-pkp.pl/en). Auf der gegenüberliegenden Seite des Terminals starten Bus 210 zum Danziger Hauptbahnhof und Bus 122 nach Sopot (www.ztm.gda.pl) sowie Bus A4 nach Gdynia (www.zkmgdynia.pl). Die Bustickets gibt es am Automaten bzw. beim Fahrer. Ein Taxi ins Zentrum kostet ca. 15 € (plus Nacht- und Feiertagsaufschlag), zuverlässig ist Taxi Neptun mit dem Erkennungszeichen 19686.
Hauptbahnhof: Gdańsk Główny PKP, Podwale Grodzkie 1, www.pkp.pl. Der Bahnhof liegt unmittelbar vor den Toren des historischen Zentrums und verfügt über Schließfächer, Wechselstube und Geldautomaten. Durch eine Unterführung gelangt man in die Altstadt und erreicht nach 10 Min. die Rechtstadt.
Busbahnhof: Gdańsk Dworzec PKS, ul. 3 Maja 12, www.pks.gdansk.pl, So geschl. Danzigs Busbahnhof liegt hinter dem Zugbahnhof und ist von dort über einen Tunnel erreichbar.

Feste und Feiertage

Danziger Musiksommer: Gdańskie Lato Muzyczne, Mitte Juni bis Ende Aug., www.filharmonia.gda.pl. Auf der Freilichtbühne vor der Philharmonie lädt das Danziger Orchester jedes Wochenende zu einem Klassikkonzert ein.
Tage des Meeres: Juli. Shanties und Open-Air-Konzerte am Strand von Sopot.
Feta: Juli, www.plama.art.pl. In den Straßen der Rechtstadt treffen sich Bauchredner und Stelzenläufer, Tänzer und Gaukler zum einwöchigen Festival der Straßentheater.

Diese Dame ist entweder ein Promi … oder sie hat einiges vor in Danzig.

Heineken Open'er Festival: Anfang Juli, http://opener.pl. Fans aus ganz Polen reisen nach Gdynia zum internationalen Top-Event. Vier Tage lang treten auf dem Flugfeld Kosakowo Stars wie Blur, Kaliber 44 und Nick Cave & The Bad Seeds auf mehreren Bühnen auf.
Sopot Film Festival: Mitte Juli www.sff.pl. Mit über 100 Filmen aus dem In- und Ausland – außer am Strand auch in Kino- und Theatersälen, dazu Workshops und Konzerte.
Dominikanermarkt: August, www.mtgsa.pl. Der Jarmark Dominikański ist das wichtigste Fest der Dreistadt. Er geht auf das Jahr 1260 zurück, als Papst Alexander IV. dem Danziger Dominikanerorden die Erlaubnis gab, am Tag ihres Schutzpatrons einen Jahrmarkt abzuhalten: ein schwungvoller Ablasshandel sollte Geld in seine Kassen spülen. Seitdem steigt jedes Jahr um den 4. August ein gewaltiges Fest. Nach dem Läuten aller Kirchenglocken verwandeln sich die Gassen der Rechtstadt für drei Wochen in einen riesigen Marktplatz mit Musik und Straßentheater, Bernsteinmesse und Feuerwerk.
Kino am Strand: Orange Kino Letnie, Juli–August, www.orangekinoletnie.wp.pl. Der Mobilfunkanbieter Orange sponsert das Sommerkino an Sopots Strand, Möwengeschrei und Meeresrauschen inklusive.
Mozartiana: August, www.mozartiana.pl. Beim Festival im Park von Oliwa lässt der Polnische Kammerchor Mozart bei Festbeleuchtung erklingen.
Sopot Festival: August, www.topofthetop.pl. Beim traditionsreichen Liederfestival in der Waldoper treten internationale Pop- und Schlagerstars auf.
Kunst- und Lichtfestival: Narracje, Oktober/November, www.narracje.eu. Danzig magisch: Die Fassaden werden mit Licht- und Videoinstallationen geheimnisvoll beleuchtet.
Weihnachtsmarkt: Dezember. Auf dem Kohlenmarkt (Targ Węglowy) wärmt man sich mit Glühwein und Met (Honigwein), während in stimmungsvoll beleuchteten Buden kaschubisches Kunsthandwerk verkauft wird.

GELD

Gedacht wird bereits in Euro, doch gezahlt noch in Złoty. Man tauscht in der Bank oder – meist günstiger – in der Wechselstube (Kantor). Sind Wechselstuben auch spätabends oder sonntags geöffnet, haben sie in der Regel einen schlechteren Kurs. Gleiches gilt für die Wechselstuben an Flughäfen, Bahnhöfen und Grenzübergängen. Aufgrund unübersichtlicher Werbetafeln ist es prinzipiell empfehlenswert, sich vor dem Tausch den genauen Kurs aufschreiben zu lassen. Als Faustregel gilt: Bei einem seriösen Kantor sollte die Marge zwischen Ankaufs- *(kupno)* und Verkaufskurs *(sprzedaż)* weniger als 2 % betragen, z. B. *kupno (we buy)* 1 € = 4,18 zł, *sprzedaż (we sell)* 1 € = 4,24 zł.
Geldautomat: Fast jede Bank verfügt über einen *bankomat*, wo Sie Bargeld abheben können. Beachten Sie, dass Ihre Bank ein sog. Auslandseinsatzentgelt berechnet, das unabhängig von der abgehobenen Summe 5–10 € pro Transaktion beträgt. Bei diesen saftigen Gebühren empfiehlt es sich, das Verfügungslimit voll auszuschöpfen. Zu beachten ist auch, dass Sie das Geld immer in der Landeswährung, also dem Złoty, vom eigenen Konto abbuchen lassen! Ihre Bank wählt einen günstigeren Złoty-Umtauschkurs als die polnische, die bei dem angebotenen ›garantierten Wechselkurs‹ (Dynamic Currency Conversion = DCC) für Sie bis zu 10 % ungünstiger abrechnet! Bietet Ihnen der Automat den DCC-Umrechnungskurs an, so müssen Sie bestätigen, dass sie ihn nicht wollen! Das Gleiche gilt übrigens bei der bargeldlosen Bezahlung.

INFORMATIONEN

Polnisches Fremdenverkehrsamt: Hohenzollerndamm 151, 14199 Berlin, T 030 210 09 20, www.polen.travel/de
Regionale Touristeninformation: Pomorskie Centrum Informacji

Auch Danzig setzt auf das Rad.

Turystycznej, Wały Jagiełłonskie 2-A, 80-887 Gdańsk, T 58 732 70 41, http://pomorskie.travel/de, tgl. 9–18 Uhr. Infos für Danzig und Umgebung im Hohen Tor.

Städtische Touristeninformation: Gdańskie Centrum Informacji Turystycznej, Długi Targ 28–29, 80-830 Gdańsk, T 58 301 43 55, www.gdansk.pl und www.gdansk4u.pl, Mo–Sa 9–17, So 9–16, im Sommer bis 19 Uhr. Im Rokoko-Stil eingerichtete Info-Stelle mit Verkauf von Audio-Guides und Touristenkarte. Filialen am Flughafen und im Tunnel des Hauptbahnhofs.

Touristeninformation PTTK: ul. Długa 45, 80-827 Gdańsk, T 58 301 91 51, www.pttk-gdansk.pl, tgl. 9–18, im Winter Sa, So nur bis 16 Uhr. Private, gut organisierte Infostelle am Ende der Langgasse.

Touristeninformation Flughafen: T 58 348 13 68, www.de.gdansk.gda.pl, Mo–Fr 8–16, Sa 9–17, So 9–14 Uhr.

Touristeninfo Sopot: ► S. 68

Touristeninfo Gdynia: ► S. 76

Touristenkarte

Die Touristenkarte (Karta Turysty) gibt es jetzt in drei Varianten (Family/Sightseeing/Active), doch nur von der Sightseeing-Variante wird häufig Gebrauch gemacht. Sie bietet freien Eintritt in zahlreiche Museen, für einige allerdings nur Ermäßigung. Das 24-Stunden-Ticket kostet ca. 15, das 72-Stunden-Ticket ca. 22,50 €. Die Karte wird in allen Touristeninformationszentren der Stadt, auch am Bahnhof und am Flughafen verkauft. Infos: www.gdansk4u.pl/de und http://visitgdansk.com/kartaturysty

Gratis-WLAN

In fast allen Hotels, aber auch vielen Cafés und Restaurants gibt es Gratis-WLAN. Auf der Website www.gdanskwifi.pl werden über 70 Gratis-Hotspots angezeigt. Man findet sie z. B. auf der ul. Długa, dem Długi Targ, der Mottlaupromenade Długie Pobrzeże und dem Targ Węglowy.

Im Internet

www.polen.travel/de: Die Website des Polnischen Fremdenverkehrsamtes in Berlin und Wien ist übersichtlich gegliedert und bietet neben neuesten Nachrichten eine Kurzbeschreibung touristisch wichtiger Orte, Adressen für die Reiseplanung und Tipps für Aktivurlauber.

www.inyourpocket.com/poland/gdansk: In der Onlineversion der gleichnamigen Stadtzeitschrift werden Hotels, Restaurants und Kneipen treffend, oft auch ironisch kommentiert.

www.gdansk-life.com: Hier werden Hotels und Ausgehadressen vorgestellt, dazu gibt es Hinweise auf die Veranstaltungen der nächsten Wochen. Mit einer englischen Sprachversion.

www.gdansk.gda.pl und www.gdansk4u.pl: Von der Stadt Danzig erstellte Websites mit Infos zu Sehenswürdigkeiten und Aktivitäten, einem interaktiven Stadtplan und Panoramabildern.

REISEN MIT HANDICAP

www.turystykadlawszystkich.pl: Infos zu Touristenbüros und Transportmitteln, Restaurants, Cafés und anderen touristischen Einrichtungen, die Rollstuhlfahrern, Geh- und Sehbehinderten die Planung ihrer Reise erleichtern.

SICHERHEIT UND NOTFÄLLE

Polizei, Feuerwehr, Ambulanz: T 112
Kreditkartensperrung: T 0049 116 116
Deutsches Generalkonsulat in Danzig: al. Zwycięstwa 23 (Gdańsk-Wrzeszcz), T 58 340 65 00, www.danzig.diplo.de
Österreichisches Honorarkonsulat in Danzig: ul. Stagiewna 5/2, T 58 769 36 36, www.bmeia.gv.at
Schweizer Botschaft in Warschau: al. Ujazdowskie 27, T 22 628 04 81, www.eda.admin.ch/warsaw

UMWELTFREUNDLICH UNTERWEGS

www.ztm.gda.pl: Auf dieser Website bündeln die Verkehrsbetriebe der Dreistadt alle Fahrplan-Infos und Ticketpreise zu Verbindungen mit Bus, Tram, Stadtzug SKM und Wasserstraßenbahn. SKM-Züge fahren bis etwa 1 Uhr nachts, Straßenbahnen bis etwa 22.30 Uhr, doch gibt es auch Nachtbusse *(nocne autobusy)*. Allen, die viel unterwegs sein möchten, sei der Kauf einer 24- oder 72-Std.-Karte empfohlen *(bilety metropolitalny*, www.mzkzg.org).
Stadtzug SKM (www.skm.pkp.pl): Mit ihm kommt man am einfachsten und schnellsten voran. Er verkehrt von 4 bis 24 Uhr alle 10–30 Min. zwischen Danzig, Wrzeszcz, Oliwa, Sopot und Gdynia mit Weiterfahrt in Richtung Lębork. Weitere Linien sind in Planung. Der Fahrpreis richtet sich nach der Anzahl der Haltestellen. Kinder unter 4 Jahren reisen gratis, benötigen aber ein Null-Złoty-Ticket (!). Die Karten bekommt man am Schalter oder am Automaten auf dem Bahnsteig, wo sie auch entwertet werden. Fahrräder werden kostenlos in einem speziell dafür vorgesehen Abteil befördert.
Bus (autobus) und Straßenbahn (tramwaj): Das Bussystem ist kompliziert, leichter durchschaubar ist der Verlauf der Straßenbahnlinien (www.ztm.gda.pl). Fahrkarten für Bus *(autobus)* und Straßenbahn *(tramwaj)* erhält man am Kiosk oder Automaten, beim Fahrer nur gegen Aufpreis. Beim Einsteigen sind die Karten zu entwerten. Mit einem in Gdańsk gekauften Ticket kann man nach Sopot, aber nicht nach Gdynia fahren.
Taxi: Seit Jahren zuverlässig und relativ preiswert ist Taxi Neptun (T 196 86), teurer nachts und Sa 22 bis Mo 6 Uhr.
Wasserstraßenbahn (tramwaj wodny): Sie verkehrt von Mai–Sept. auf den Strecken Danzig (Żabi Krug)–Westerplatte (30 Min.) Danzig–Hel (1 Std. 50 Min.), Danzig–Nowy Port–Sopot (1 Std. 45 Min.), Sopot–Hel (1 Std. 30 Min.) und Gdynia–Hel (1 Std.). Infos: http://komunikacja.trojmiasto.pl/tramwajwodny.php.
Radfahren: In der Stadt werden immer mehr Radwege angelegt, der schönste führt 10 km lang vom Leuchtturm in Nowy Port über Brzeźno bis zum Nordende von Sopot. Eine Tagesmiete beträgt ca. 12 € (plus Kaution ca. 50 €). Zentral liegt die Verleihstation für City- und Mountainbikes in der Altstadt, wenige Schritte südlich der Großen Wassermühle: Nie Dotyczy Rowerów, ul. Młyńska Lokal 14, Mobil 603 76 20 82, www.niedotyczyrowerow.pl, tgl. 9–19 Uhr.

SIGHTSEEING

In der Danziger Recht- und Altstadt bewegt man sich am besten selbstständig zu Fuß. Wer Geld für organisierte Touren ausgeben will, wendet sich an die Städtische Touristeninformation am Langen Markt. Dort kann man sich auch für einen Tag zum Preis von 4,50 € (zwei Personen 7,50 €) den Audio Guide Gdańsk ausleihen. Erkunden Sie Danzig mit dem Kopfhörer oder laden Sie den Audio Guide auf Ihr Smartphone (Infos: www.audioguidegdansk.pl)! Rundfahrten im Elektrowagen Melex reservieren sie unter Mobil 501 67 30 67 oder 504 45 88 68, online www.citytourgdansk.pl.

O-Ton Danzig

Witamy w Gdańsku!!

Willkommen in Danzig!

Cześć!

Hallo!

DZIEŃ DOBRY!

Guten Tag!

Do widzenia

*Auf Wieder-
sehen!*

Smacznego!

Guten Appetit!

proszę

Bitte

DZIĘKUJĘ

Danke

SMAKUJE JAK U MAMY!

Es schmeckt wie bei Muttern!

Na zdrowie!

Prost!

Poproszę o jadłospis!

Die Speisekarte bitte!

Mówi Pan (männl.) / Pani (weibl.) po niemiecku?

Sprechen Sie Deutsch?

A
Abendmahlskirche 62
Absinthe 105
Adlerhorst 84
Adlerklippen 71
Alte Apotheke 38
Alte Vorstadt 85
Altstadt 46
Altstädtisches Rathaus 47
Ankommen 110
Annenkapelle 62
Archäologisches Museum 35
Ars Balticum/Gdańsk Souvenir Centre 101
Artushof 23
Audio Guide Gdańsk 113
»Aus dem Tagebuch einer Schnecke« (Roman) 81

B
Baltic Stone 99
Baltische Oper 108
Baltische Philharmonie 108
Baltisches Kulturzentrum 47
Bar Mleczny 92
Bar Przystań 53
Bastion Maidloch 85
Bastion Żubr 85
Baszta Jacek 38
Baszta Łabędź 82
Bazylika Mariacka 33
Beckmann, Max 62
Behinderte 112
Beischläge 35
Beneke, Paul 60
Bernstein 98
Bernsteinmuseum 28
Bier 106
Bioway 93
Bleihofinsel 42
Blocke, van den (Künstlerfamilie) 26
Blocke, Abraham van den 24, 47, 65
Bootsausflüge 85
Brama Wyżynna 20
Brama Zielona 24
Brauereien 106
Breughel d. J., Pieter 61
Brigittenkirche 50
Brösen 84
Brovarnia 106
Browar Piwna 106
Brunnen der vier Löwen 37
Brzeźno 84
Bunkier Klubogaleria 107
Busbahnhof 110
Busse 113

C
Café Factotum 94
Café Ferber 94
Café Kamienica 33
Café Szafa 108
Cała Naprzod 41
Centrum Archeologicznej Błękitny Łew 78
Centrum Hewelianum 78
Centrum Nauki Experyment 78
Centrum Sztuki Współczesnej Łaźnia 78
Cepelia 102
Ceramic Bolesławiec 102
Chata Rybacka Piaskownica 71
Chodowiecki, Daniel 61
Cinema City Krewetka 108
Ciuciu 100
Cleve, Joos van 60
Club B90 & Buffet 109
Conrad, Joseph 75
Corinth, Lovis 62

D
Danziger Diele 23
Danziger Musiksommer 110
»Das Jüngste Gericht« (Kopie) 32
»Das Jüngste Gericht« (Triptychon) 60
Debüt-Galerie (Orłowo) 73
Denkmal der gefallenen Werftarbeiter 56
»Der Zinsgroschen« (Gemälde) 26, 62
Deutscher Orden 82
Deutsches Generalkonsulat 113
»Die Blechtrommel« (Roman) 30, 54, 81
»Die Buddenbrooks« (Roman) 35
Długi Targ 23
Dolny Miasto 85
Dom Aktora 87
Dom Ferberów 22
Dominikanermarkt 111
Dom Schumannów 23, 87
Dom Uphagena 22
Dürer, Hans 62
Düringer, Hans 32
Dwór Artusa 23
Dwór Bractwa św. Jerzego 38
Dworek Sierakowskich 108

E
Einkaufen 98
EMPiK 100, 109
Enkinger, Michael 62
Estragon 92
Europäisches Zentrum der Solidarität 56

F
Fahrenheit, Daniel Gabriel 24
Fajne Baby 95
Fellini 95
Ferberhaus 22
Feste 110
Festung Weichselmünde 54
Feta 110
Flisak 76 105
Floris, Frans 61
Flughafen 110
Fontanna Neptuna 23
Food Trucks 90
Frauengasse 35
»Freude, schöner Götterfunken« (Glockenspiel) 50

G
Galeria Bałtycka 100

Galeria Grobla 102
Galeria Starych Zabawek 36, 79
Galeria Sztuki Kaszubskiej 102
Galeria Triada 102
Galeria Wydra 99
Gameren, Tylman van 36
Gazeta Rock Café 105
Gdańska Galeria Güntera Grassa 36
Gdańska (Restaurant) 92
Gdańsk Dworzec PKS 110
Gdańsk Główny PKP 110
Gdański Bowke 36, 106
Gdańskie Centrum Informacji Turystycznej 112
Gdynia 74, 84
– Aquarium 75
– Barracuda 94
– Błyskawica 75
– Chwila 91
– Dar Młodzieży 75
– Dar Pomorza 75
– Desdemona 105
– F. Minga 105
– Gdynia Design Centre 103
– Gdynia Info Box 77
– I Krowa Cała 93
– Joseph-Conrad-Monument 75
– Klif 100
– Kościuszki-Platz 75
– Markthalle 103
– Museum der Emigration 77
– Museum der Kriegsmarine 75
– Museumsschiffe 75
– Nadmorski 89
– Nowa Galeria 103
– Promenade 77
– Stadtmuseum 77
– Strand 76
– Sztuczka 97
– Touristeninfo 76
– Vinegre di Rucola 76
Geführte Touren 113
Geld 111
Georgshof 38
Glettkau 84
Goldenes Haus 23
Goldenes Tor 21
Goldwasser 43
Goldwasser Coffee Shop 45
Goldwasser (Hotel) 88
Goldwasser (Restaurant) 45
Grass, Günter 54, 81
Gratis-WLAN 112
Große Mühle 48
Großes Zeughaus 38
Grünes Tor 24
Günter-Grass-Galerie 37

H
Haffner, Jean George 66
Hala Targowa Gdańsk 103
Hanza 88
Hauptbahnhof 110
Haus der Äbte von Pelplin 47
Haus zum Lachs 44
Heineken Open'er Festival 111
Hevelius, Johannes 47, 49
High 5 105
Hohes Tor 20
Hooch, Pieter de 61
Hotel Gdańsk 87
Hotels 86

I
»Im Krebsgang« (Novelle) 42, 81
Informationen 111

J
Jelitkowo 84
Jopengasse 34
Jozef K 106

K
Kamienica Gotyk 88
Kaplica Królewska 36
Karta Turysty 112
Katharinenkirche 49
Katownia 21
Kawiarnia Filmowa w Starym Kadrze 95
Kino am Strand 111
Kirche der Dreifaltigkeit 62
Kleine Mühle 49
Klub Żak 109
Königliche Kapelle 36
Kopernik (Lebkuchen-Geschäft) 100
Kościół św. Brygidy 48
Kościół św. Katarzyny 48
Kościół św. Mikołaja 36
Kościół św. Trójcy 62
Krantor 35, 39
Kubicki 92
Kulcke, Otto 32
Kulturinformation 109
Kultury Miejskiej 109
Kunstakademie 73
Kunst- und Lichtfestival 111

L
Lange Brücke 35
Langer Markt 20
Langgasse 20
Latarnia Morska Nowy Port 53
Lawendowa 8 106
Lech-Wałęsa-Airport 110
Leuchtturm Nowy Port 55
Libeskind, Daniel 51
Lookier Café 22
Lux Apartamenty 88

M
»Mädchen im Fenster« 23
Madison 101
Malbork 82
Mały Młyn 49
Manhattan 101
Marienburg 82
Marienkirche 31
Markthalle Danzig 38
Markthallen 103
Memling, Hans 60
Metamorfoza 96
Milchbars 92
Möller, Anton 26, 49, 62
Mon Balzac 91
Mottlau 34
Mozartiana 111

Museum des Zweiten Weltkriegs 51
Museum Freistadt Danzig 24
Museumslandschaft 80
Muzeum Archeologiczne 36
Muzeum Bursztynu 28
Muzeum II Wojny Światowej 53
Muzeum Narodowe 61
Muzeum Poczty Polskiej 53

N
Nachtbusse 113
Nachtleben 104
Naleśnikowo 61
Narodowe Muzeum Morskie 41
Nationales Maritimes Museum 39
Nationalmuseum 59
Neptunbrunnen 23
Neptun (Hotel) 89
Neptun (Milchbar) 92
Nikolaikirche 37
Nocne autobusy 113
Nolde, Emil 62
Notfälle 113
No to cyk 106
Nudisten 85

O
Oddział Sztuki Dawnej 61
Öffentlicher Nahverkehr 113
Öffnungszeiten 99
Oliwa 63
– Abtspalast 64
– Dwór Oliwski 87
– Galerie moderner Kunst 64
– Kathedrale 65
– Pierogarnia Mandu 92
– Pizzeria Margherita 64
– Speicher 65
– Stadtpark 64
– Zoo 65
Opbergen, Antonius van 47
Openair Kino 108
Opera Bałtycka 108
Opera Leśna 108
Opitz, Martin 32
Orange Kino Letnie 111
Ordensritter 82
Orgelkonzerte 108
Orłowo 71, 84
Österreichisches Honorarkonsulat 113

P
Państwowa Galeria Sztuki 79
Parken 88
Parlament 109
»Patrizierporträt« (Gemälde) 62
Peinkammer 21
Pellowski 27
Pierogarnia U Dzika 93
Pijalnia Wódki i Piwa 106
Pikawa 29
Pionova Gdańsk 103
Piwnica Romańska 79
Plac Wybickiego 81
Płażyński, Maciej 32
Poczta 22
Podewils 89
Pod Łososiem 44
Polnische Post 51
Polnischer Haken 54
Polnisches Fremdenverkehrsamt 111
Polska Filharmonia Bałtycka 108
Polski Hak 54
Pomnik Poległych Stoczniówców 56
Pomorskie Centrum Informacji Turystycznej 111
Popiełuszko, Jerzy 50
Post 22
Pracownia i Galeria Styl 99
Produkty Benedyktyńskie 100
Prologue 95
Przedbramie 21
Przekąski 90
Pub Polskie Kino 106
Puppengalerie 38

R
Radfahren 113
Ratusz Głównego Miasta 25
Ratusz Staromiejski 48
Rechtstädtisches Rathaus 23, 25
Redlauer Kämpe 73, 77, 84
Redłowo 73, 77, 84
Regionale Touristeninformation 111
Restaurants 90
Retro Café 91

S
S & A 99
Schopenhauer, Johanna 35
Schuhmannhaus 23
Schwanenbastei 82
Schweizer Botschaft 113
Shakespeare-Theater 109
Shopping 98
Sicherheit 113
Skansen Archeologiczny Grodzisko 79
SKM- Züge 113
Slevogt, Max 62
Sołdek 42
Solen (Schiffswrack) 42
Solidarność 50, 57
Sopot 66, 84
– 3 Siostry 106
– Amber Moda 99
– Aquapark 69
– Atelier 69
– Avocado 96
– Badepalast 69
– Błękitny Pudel 94
– Bohaterów Monte Cassino 67
– Dwie Zmiany 105
– Dworek Sierakowskich 70
– Ergo Arena 109
– Festung 73
– George 87
– Grand Hotel 69
– Green Way Food for Life 93
– Karczma Irena 95

– Krzywy Domek 100
– Kurhaus 67
– Leuchtturm 69
– Markthalle 103
– Mera Spa Hotel 70, 88
– Meridian Molo 95
– Monciak 67
– Outlet Sopot 101
– Pijalnia Czekolady Wedel 91
– Plac Zdrojowy 67
– Przystań Rybacki 70
– Schiefes Haus 67
– Seebrücke 67
– Sempre Pizza & Vino 96
– Sfinks 700 109
– Sheraton Sopot Spa 67
– Sopot 793 L'Entre Villes 97
– Staatliche Kunstgalerie 67
– Stadtmuseum 69
– Store & More 101
– Strand 67
– Südbad 69
– Südpark 69
– Touristeninfo 67
– Trinkbrunnen 67
– U Kucharzy 96
– Vinoteque Sopot 107
– Waldoper 70
– Zatoka Sztuki 69, 70
Sopot Festival 111
Sopot Film Festival 111
Sowa 91
Stacja De Luxe 107
Städtische Touristeninformation 112
Stara Apteka 38
Stay Inn Hotel 89
Stockturm 21, 28
Stogi 85
Straßenbahnen 113
Streetfood 90
Strefa Historyczna Wolne Miasto Gdańsk 24
Studio Amber 99
Swojski Smak 48
Szynk 90

T
Tage des Meeres 110
Targ Rybny (Restaurant) 97
Tawerna 96
Tawerna Orłowska 73
Taxis 113
Teatr Szekspirowski 109
Tekstylia 107
The Red Inn 95
The Royal Amber 99
Touristeninformation PTTK 112
Touristenkarte 112
Tram wajwodny 85
Tramwaj wodny 113
Turm des hl. Hyazinth 38
Turystyczny 92
Twierdza Wisłoujście 53

U
Ul. Długa 20
Ul. Długie Pobrzeże 35
Ul. Lelewela 81
Ul. Mariacka 35
Ul. Wajdeloty 81
Uphagenhaus 22

V
Vermoellen, Ambrosius 43
Vortor 21

W
Waldoper 108
Wałęsa, Lech 24, 57, 58
Wasserstraßenbahnen 85, 113
Weihnachtsmarkt 111
Westerplatte 51
Wielka Zbrojownia 38
Wielki Młyn 48, 101
Wieża Więzienna 21
Wilhelm Gustloff (Schiffswrack) 42
Wine Bar Literacka 96
WLAN 112
Wrzeszcz 81
Wyspa 58
Wyspa Ołowianka 42

Z
Zakąski 90
ŻAK Club Galerie 79
Zentrum für Maritime Kultur 41
Żeromski-Haus 73
Złota Brama 21
Złota Kamienica 23
Żuraw 40
Żuraw (Restaurant) 41

Das Klima im Blick

Reisen bereichert und verbindet Menschen und Kulturen. Wer reist, erzeugt auch CO_2. Der Flugverkehr trägt mit bis zu 10 % zur globalen Erwärmung bei. Wer das Klima schützen will, sollte sich – wenn möglich – für eine schonendere Reiseform entscheiden oder die Projekte von atmosfair unterstützen. Flugpassagiere spenden einen kilometerabhängigen Beitrag für die von ihnen verursachten Emissionen und finanzieren damit Projekte in Entwicklungsländern, die dort den Ausstoß von Klimagasen verringern helfen (www.atmosfair.de). Auch die Mitarbeiter des DuMont Reiseverlags fliegen mit atmosfair!

Abbildungsnachweis

Fotolia, New York (USA): S. 84 (Castenoid); 85 (Kalim); 4 u. (kilhan); 73 (Kosmider); 30 (Richardt); 62 (Switulski); 39 (tomeyk); 37 u. (vodolej)
Getty Images, München: S. 69 (Creative RM); 120/4 (Radish); 8/9 (Spatari)
iStockphoto, Calgary (Kanada): S. 123/3, Titelbild (Kozlowski)
Ralf Freyer, Freiburg: Umschlagklappe hinten, S. 5 o., 7, 14/15, 34, 63, 98
laif, Köln: S. 56 (Butzmann); 120/8 (Chip HIRES/GAMMA); 47, 55 (Gerber); 16/17, 102 (Hahn); 66 (Heuer); 49 o. (Hirth); 45, 70 (Modrow); 21, 24, 31, 105 (Schwelle); 110 (Tjaden)
Mauritius Images, Mittenwald: S. 12/13 (Alamy); 120/6 (Beznoska/Alamy); 25 (dleiva/Alamy); 120/5 (Falkensteinfoto/Alamy); 80, 112 (Fludra/Alamy); 83 (Gajewska/Alamy); 40 (imagebroker/Urs Schweitzer); 43 (Kerth); 38, 86 (kpzfoto/Alamy); 120/1 (Mauritius History); 20 (National Geographic Creative/Alamy); 77 (Prykhodko/Alamy); 97 (Renckhoff/Alamy); 27 (robertharding/Alamy); 4 o. (Roussel Photography/Alamy); 91, 101 (Roxby/Alamy); 75 (SuperStock/Gregory Wrona PCL); 120/7 (United Archives); 104 (White/Alamy); 71 (Wlodarczyk/Alamy)
picture-alliance, Frankfurt a. M.: S. 59, 78/79 (Jocher); 120/9 (Warszawa); 37 o. (Wittman); 29 (Spichtinger/SVEN SIMON)
Dieter Schulze, Bremen: S. 5 u., 23, 26, 32, 46, 49 u., 51, 58, 65, 87, 89, 93, 94, 107
Thomas Stankiewicz, München: S. 28, 52, 74, 90
Wikimedia Commons: S. 60, 120/2
Alle Zeichnungen von Gerald Konopik, Fürstenfeldbruck

Kartografie

DuMont Reisekartografie, Fürstenfeldbruck

Zitat

Umschlagklappe hinten: Peter Oliver Loew, in: Literarischer Reiseführer Danzig, Acht Stadtspaziergänge. Deutsches Kulturform östliches Europa e.V., Potsdam 2009, S. 11

Umschlagfotos

Titelbild: Blick auf bunte Häuser in Danzig
Umschlagklappe hinten: Mottlau und Krantor

Hinweis: Autor und Verlag haben alle Informationen mit größtmöglicher Sorgfalt geprüft. Gleichwohl sind Fehler nicht vollständig auszuschließen. Alle Angaben erfolgen ohne Gewähr. Bitte schreiben Sie uns! Über Ihre Rückmeldung zum Buch und Verbesserungsvorschläge freuen sich Autor und Verlag:
DuMont Reiseverlag, Postfach 3151, 73751 Ostfildern,
info@dumontreise.de, www.dumontreise.de

1. Auflage 2017

Autor: Dieter Schulze
Redaktion/Lektorat: Heike Pasucha
Bildredaktion: Stefan L. Scholtz
Grafisches Konzept: Eggers+Diaper, Potsdam
Printed in Poland

Kennen Sie die?

9 von 462 249 Danzigern

Bowke

So nannte man hier in deutscher Zeit die Hafenarbeiter mit einem gewissen Hang zur Ausschweifung.

Johannes Hevelius (1611–87)

Ein Bierbrauer, der den Mond erforschte und neun Kometen entdeckte.

Paul Beneke (1430–80)

Wildes Leben, wüstes Ende: Als Freibeuter für Danzig unterwegs, hingerichtet mittels Waterboarding.

Danzig

1987 gegründete amerikanische Rockband, die mit ihren düsteren Texten noch heute Konzertsäle füllt.

Johanna Schopenhauer (1766–1838)

Die Mutter des Philosophen Arthur war eine vielseitige Schriftstellerin, publizierte Romane und Reisereportagen.

Günter Grass (1927–2015)

Dem Literaturnobelpreisträger fielen zu Danzig mehr als 1000 Seiten ein.

Klaus Kinski (1926–1991)

Geboren in Sopot: unvergessen als Vampir im Film »Nosferatu« und als Exzentriker in »Aguirre – der Zorn Gottes«.

Lech Wałęsa (*1943)

Der ehemalige Arbeiterführer, Friedensnobelpreisträger und Staatspräsident will immer mal wieder Polen retten.

Dorota Nieznalska (*1973)

Ihre Kunst provozierte das katholische Polen – zur Strafe bekam sie Hausarrest.